ВІДГУКИ

Деніел та Естер Баумгартнери написали книжку, яку треба прочитати всім батькам. У ній не лише докладно описано практичні способи налагодити здорові взаємини з дітьми, включно з протистоянням різним важким ситуаціям, в яких вони можуть опинитися, а й запропоновано помазане вчення про звільнення від демонічного гніту, який, можливо, присутній у житті дитини. Це надзвичайно важлива й корисна книжка.

С'юзан Бенкс,
співавторка книжки Deliverance for children and teens,
Impact Christian Books Inc., США

«Дім, що зцілює» — книжка для нашого часу. Багато батьків відчувають неабиякі труднощі, намагаючись зрозуміти проблеми своїх дітей, їхню поведінку, і не знають, як їм допомогти. Батьки й дитячі служителі потребують інструментів, які допоможуть їхнім дітям вирости здоровими, урівноваженими дорослими, належно підготовленими розв'язувати життєві проблеми. «Дім, що зцілює» — саме такий інструмент. Книжка легка для читання й розуміння, чудово ілюстрована. Її зміст відображає глибоке знання Біблії авторами, їхній багаторічний практичний досвід і палке бажання допомогти кожному з батьків і кожній дитині відчути радість і повноту життя. Для батьків, а також тих, хто працює з дітьми поза сім'єю, ця книжка стане цінним ресурсом.

Я захоплююся служінням Деніела та Естер. Уже багато років вони допомагають людям долати проблеми, багато з яких розпочалися в дитинстві. Я спостерігав, як троє їхніх синів досягали успіху, застосовуючи запропоновані батьками принципи. Радий рекомендувати цю вичерпну, легку для читання книжку як розширення служіння в другому поколінні. Упевнений, вона допоможе парам у будь-якому куточку світу зрозуміти своїх дітей, молитися з ними й допомогти їм вирости емоційно та духовно зрілими людьми, що навчилися справлятися з болем, гріхами й своїми реакціями так, як це замислив Бог і зробив можливим завдяки жертві Христа.

Я в захваті від цієї книжки, адже вона пропонує батькам простий набір інструментів, які вони можуть зрозуміти й безпосередньо використовувати, щоб допомогти своїм дітям подолати біль, а також безліч інших проблем. Деніел і Естер ясно та компетентно висвітлюють важливі й складні питання. Їхні рекомендації і запропоновані кроки ґрунтуються на Біблії, а численні практичні поради дають читачеві змогу візуалізувати цей підхід. Учення про те, як діти можуть потрапляти під вплив демонічних духів, коли природні захисні бар'єри зруйновано, також є дуже важливим і вказує на потребу молитися з дітьми на глибокому рівні.

Я вперше зустріла Деніела Баумгартнера та батьків його дружини, Альберта й Елізабет Тейлорів, авторів книжки *Ministering Below the Surface,* багато років тому. Через них Бог зцілив мене від багатьох речей, і моє життя дуже змінилося. Я використовувала отримані від них знання про зцілення та звільнення в роботі зі своїми клієнтами-християнами, коли це було треба.

Навіть якщо ви ще не знайомі зі служінням звільнення, рекомендую дати цій книжці шанс. У неї вкладено багато молитов. Працюючи із цим посібником, читачі обов'язково переживуть дію Святого Духа у своєму житті.

Доктор Мікаела Бломквіст-Лютікяйнен,
дитяча й підліткова психіатриня, Фінляндія

Батьки-християни вкрай потребують допомоги у вихованні дітей, які по-справжньому знатимуть Боже Слово, ходитимуть Його шляхами й переможно протистоятимуть натиску сьогоднішнього зла. Книжка «Дім, що зцілює» — життєво важливий інструмент, відмінний від усього, з чим ви мали справу раніше, покликаний допомогти батькам пройти цей шлях. Читачі побачать, що дітей можна навчити й довірити їм справлятися з болючими та небезпечними життєвими ситуаціями, — саме таким є Божий підхід. Його дорослі діти, прагнучи для своїх дітей зцілення й цілісності в Христі, також отримають благотворну користь. Ця книжка неодмінно принесе у ваше життя вплив Царства Божого. Ми з нетерпінням чекаємо, що її коріння розростеться вглиб і вшир.

Жаклін і Тані Гай,
директорки-засновниці служіння Forget-me-not, США

Деніел та Естер
БАУМГАРТНЕРИ

ДІМ, ЩО ЗЦІЛЮЄ

Як виростити здорових і щасливих дітей

Кириченко
Київ
2023

Parents Empowered:
healing and Deliverance with teens and kids
First edition
Copyright@2019 Daniel Baumgartner and Esther Baumgartner
Print: ISBN 978-3-9525127-0-8   ebook: ISBN 978-3-9525127-1-5
Published by: Verein Bethesda Heilungsdienst
Stapferstrasse 29, 8006, Zürich, Switzerland
info@bethesda-heilungsdienst.ch
www.bethesda-heilungsdienst.ch

УДК 159.922
Б29

БАУМГАРТНЕРИ Д. ТА Е.
Б29   ДІМ, ЩО ЗЦІЛЮЄ. *Як виростити здорових і щасливих дітей*. К. : Кириченко, 2023. 196 с.
ISBN 978-966-426-278-8

Посібник із порадами щодо виховання дітей. У книжці розкрито духовний світогляд, відповідно до Нового Завіту. Книжка буде корисною батькам і тим, хто лише збирається ними стати.

УДК 159.922

Релігійне видання
Деніел та Естер **Баумгартнери**
Дім, що зцілює
Як виростити здорових і щасливих дітей

Переклад і редагування *Олена Спис*
Ілюстрації *C. Huber* (www.claudiahuber-illustration.de)
Верстка *В. Кириченко*

Формат 60×90/16. Ум. друк. арк. 6,1. Наклад 500 пр.

ФОП Кириченко Д.В.
Свідоцтво ДК №1714 від 16.03.2004 р.
А/с 87, Київ 02002, Україна.

Віддруковано в ТОВ «Друкарня "Бізнесполіграф"»
02094, м. Київ, вул. Віскозна, 8.
Тел./факс: (044) 503-00-45.
Свідоцтво ДК №2715 від 07.12.2006 р.

Усі цитати з Писання відповідають українському перекладу Свята Біблія: Сучасною мовою (видання Українського Біблійного Товариства 2020 року), якщо не зазначено інакше.

ISBN 978-3-9525900-4-1

ЗМІСТ

ПОДЯКА

Деніел та Естер Баумгартнери висловлюють подяку:

Нашим трьом синам — **Бенджаміну**, **Самуїлу** й **Пітеру**. Ви дозволили нам розповісти про своє життя й поділитися вашими особистими історіями. Тепер інші можуть отримати від цього користь, що, з вашого боку, сміливо й великодушно.

Елізабет Тейлор та її покійному чоловікові **Альберту**. Ви завжди були батьками, а також дідусем і бабусею, які змінюють світ на краще. Ми багато чого навчилися у вас. Кроки до зцілення та свободи, що ми розробили для дітей і підлітків, ґрунтуються на вашому підході.

Видавцеві Дмитру Кириченку, а також **усьому колективу видавництва.** Працюючи з вами, ми отримали чудовий і збагачувальний досвід.

Клаудії Губер. Ваші дотепні ілюстрації зробили книжку живою, додали в нашу роботу цінний компонент, даючи змогу донести важливе послання з чудовим гумором і майстерністю.

Нашим друзям і партнерам із *Bethesda Heilungsdienst*. Ваша любов, молитви та щедрість протягом багатьох років дають нам змогу й надалі вести служіння.

Але понад усе — нашому люблячому **Небесному Батькові**. Автору батьківства. Найвищому Джерелу зцілення та свободи. Ми не можемо повною мірою висловити Тобі подяку за все, що Ти зробив для кожного з нас особисто й для сім'ї загалом. Дякуємо за те, що дозволяєш нам бути частиною Твого служіння.

ПЕРЕДМОВА

Написати передмову до книжки доньки — гордість для будь-якої матері, адже ми, батьки, найбільші фанати своїх дітей, хіба ні? Однак зробити це виявилося непросто, бо я зрозуміла — я майже заздрю вам, щасливі читачі.

Шкода, що я не знала всього того, що ви прочитаєте в цій книжці, коли Естер і її брати були маленькими. Натомість нам із чоловіком довелося багато чого вчитися з того, що ми сьогодні знаємо, на власному болючому та сповненому сум'яття досвіді. Однак, поступово доходячи до розуміння сфер внутрішнього зцілення та звільнення, ми змогли уникнути гірших результатів і наслідків, які нам довелося спостерігати в нашому служінні місіонерів і консультантів.

Мій покійний чоловік Альберт і я працювали разом із Деніелом та Естер протягом багатьох років. Будучи молодими людьми, вони супроводжували нас у поїздках до багатьох країн, служачи, навчаючи та молячись за людей. За останні двадцять п'ять років вони бачили тисячі зцілених і змінених життів. Деніел переклав нашу книжку *Ministering Below the Surface* своєю рідною, німецькою мовою. Цей матеріал є основною частиною їхнього вчення та підходу до виховання дітей.

Тепер, спираючись на досвід власного сімейного життя й служіння, Деніел та Естер діляться безліччю практичних прикладів, які роблять матеріал живим. Прості молитовні кроки дають батькам змогу бути підготовленими та спорядженими для ефективного служіння своїм дітям.

Естер, ти чудова дочка, особливо тепер, коли я залишилася сама; Деніел — зразковий зять. Він піклується про мене й підтримує, виявляючи любов на ділі. Троє моїх онуків Баумгартнерів дуже дорогі для мене, кожен із них приносить величезну радість.

Духу Святий, дякую за те, що Ти завжди ведеш нас у Своїй істині й даєш нам Свою мудрість! Дякую за все, що Ти робиш у нашій родині!

Елізабет Тейлор,
співавторка книжки Ministering Below the Surface

ВСТУП

Батьківство ніколи не було легкою справою, і сучасний світ аж ніяк не полегшив це завдання. Ми граємо багато ролей на роботі й удома, і бути батьками — це, мабуть, єдина робота, якої нас ніколи не навчали. Легко почуватися пригніченим: занадто багато поставлено на карту, якщо ми припустимося помилки. Тому дедалі більше й більше людей перекладають свою роботу на «експертів», унаслідок чого відбувається трагічна втрата задушевних, сердечних стосунків, упевненості й сили в християнському вихованні та в сім'ї.

Але що, коли є інший підхід? Що, коли Бог унікальним чином вибрав і поставив на це місце саме вас, *батьків-християн*, щоб ви змінили життя своєї дитини? Що, коли Він спорядив вас духовними інструментами, щоб ви були здатні розпізнавати, що непокоїть вашу дитину, і ефективно допомагати їй долати багато проблем? Ми віримо, що так і є!

Як показує досвід, причини багатьох емоційних, духовних і фізичних проблем, з якими сьогодні стикаються діти й підлітки, криються в трьох головних сферах: емоційні рани, гріх, з яким не розібралися, і демонічний гніт. Якщо цього не розв'язати, проблеми в будь-якій із перелічених і взаємопов'язаних сфер можуть спричинити деструктивну поведінку, неправильне ставлення й хибний вибір — як нині, так і в дорослому житті. Але коли діти вчаться швидко й ефективно розв'язувати проблеми в кожній із перелічених царин, тоді закладається здорове підґрунтя їхнього життя.

У цьому покроковому посібнику ми покажемо вам, як це зробити, починаючи з побудови (наново) близьких стосунків із дитиною й перетворення свого дому на місце, де вона отримуватиме зцілення та відчуватиме свободу. Ми пропонуємо практичні, прості в застосуванні, адаптовані до віку духовні інструменти для зцілення емоційного болю в дітей, вони допоможуть подолати їхню негативну реакцію на біль і образу. Ви дізнаєтеся, як допомогти дитині розібратися з гріхом, пробачити іншим і прийняти прощення, не знижуючи її самооцінку.

Ви зрозумієте, як розпізнати демонічну атаку й гноблення та звільнити від цього свою дитину, щоб вона могла й далі повною мірою насолоджуватися життям.

Ми практикуємо цей підхід уже понад двадцять років, допомагаючи дітям і дорослим із різних соціальних верств на різних континентах долати проблеми, закладати (відновлювати, заново вибудовувати) підвалини здорового способу життя. Описаний тут метод також допоміг нам у вихованні власних дітей. Результати виявилися приголомшливими! Ми справді переконані в тому, що емоційне, фізичне й духовне здоров'я, яким наші троє синів-підлітків насолоджуються сьогодні, значною мірою є результатом того, що ми застосували й навчили їх тих самих принципів, якими ділимося з вами в цій книжці.

Можливо, ви готуєтеся вперше стати батьками й хочете дати своєму новонародженому малюкові найкращий старт у житті, або ж ви — батьки маленьких дітей, а можливо, і підлітків, які переживають труднощі через проблеми, або ви просто якимось чином залучені в процес виховання й роботу з дітьми. З упевненістю застосовуючи викладені тут ідеї та молитви, ви докорінно зміните свій підхід. П'ять молитов ґрунтуються на біблійному вченні й доступні нам в Ісусі Христі. Їх легко зрозуміти, вони прості у використанні й ефективні. Ви можете застосовувати їх, щоб допомогти своїй дитині впоратися з конкретною кризою чи проблемою, як-от травма, втрата або хвороба. Чи просто використовувати їх щодня, щоб навчити свою дитину підтримувати духовну й емоційну форму. Коли ви звикнете користуватися цими інструментами, то разом зі своєю дитиною будете краще підготовленими й здатними впоратися з маленькими та великими викликами в житті й вихованні.

Ви отримаєте найбільшу користь, якщо прочитаєте всю книжку, щоб мати уявлення про взаємозв'язок між образами, гріхом і демонічним впливом. Опрацюйте кожен розділ, розмірковуючи над запитаннями з «Паузи для роздумів», які допоможуть вам застосувати матеріал до своєї ситуації. Ведіть журнал або щоденник і записуйте туди всі зміни, що відбуваються у вашій родині завдяки застосуванню поданих духовних інструментів. Це заохотить вас рухатися далі. Ми молимося про те, щоб ви відкрили для себе викладені тут принципи, неодноразово скористалися ними й теж відчули радість, бачачи, як ваша дитина росте й досягає успіху, як процвітає її душа.

ОГЛЯД МОЛИТОВ, ЩО ДОПОМОЖУТЬ ВИРОСТИТИ ЗДОРОВИХ, УСПІШНИХ ДІТЕЙ

Молитви про визволення від болю / образи

Емоційне зцілення неглибоких ран

с. 84

Молитви про реакції

Здорова відповідь замість руйнівних тенденцій

с. 95

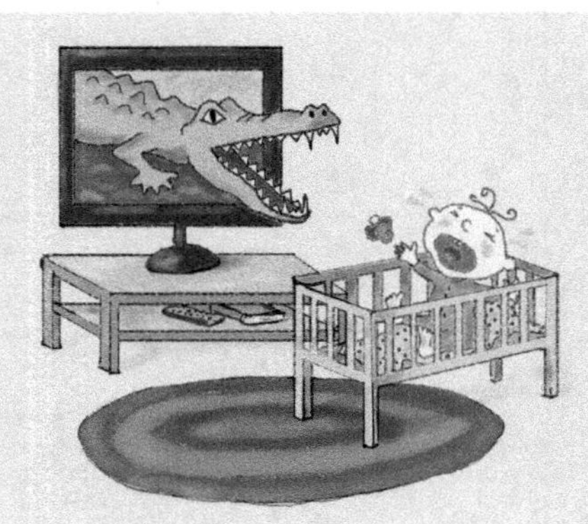

Молитви про спогади

Розбираємося з тим, що трапилося в минулому

с. 101

Молитви про прощення

Виправляємо помилки й наводимо лад

с. 116

Молитви про звільнення

Звільнення / розбираємося з духовною інфекцією

с. 138

Допомога вам і вашим дітям

Духовні інструменти, представлені в цій книжці, призначено для дітей будь-якого віку: просто трохи змінюйте оповідь. За допомогою молитви разом зі своєю дитиною ви можете прийти до Ісуса, дозволити Йому зцілити ваші рани й привести вас до духовного, душевного, фізичного здоров'я та свободи!

Ви можете все змінити!

А.

ВИ МОЖЕТЕ ВСЕ ЗМІНИТИ!

1

БОГ ХОЧЕ, ЩОБ ВАШІ ДІТИ ПРОЦВІТАЛИ

Ви можете все змінити

Ми відсвяткували новину про те, що станемо батьками, келихом ігристого вина, що його Деніел помітив у кутку нашого місцевого супермаркету на півночі Аргентини. Це не найрозумніший вибір напою, коли ти щойно дізналася, що вагітна, але ми були молоді й дуже щасливі!

У той час була лише звичайна пошта й комутований Інтернет, який працював так повільно, що можна було вивчити кілька мов, чекаючи на з'єднання. Тож у підготовці до батьківства ми здебільшого зосередилися на книжках, успадкованих від попередніх місіонерів і подорожніх, які приїздили в наші краї. Дві книжки було присвячено вагітності. В одній із них на яскравих ілюстраціях показувалося, як дитина розвивається в утробі. Я з трепетом читала й перечитувала поради та рекомендації щодо того, як підготуватися до пологів і доглядати за немовлям. Але як пара ми ніколи особливо не розмовляли про те, якими батьками хочемо бути або який підхід у вихованні застосовуватимемо, коли народиться дитина.

Наша сім'я двокультурна: Деніел — швейцарець, я — британо-швейцарка, а жити сім'єю і виховувати своїх дітей ми збиралися в третій культурі — аргентинській. Тож культурні питання, безумовно, слід було обговорити заздалегідь, що допомогло б полегшити наш батьківський шлях! Однак ми дійшли згоди про одне: молитимемося за наших дітей, ще коли вони розвиватимуться в утробі, а також використовуватимемо духовні одкровення й молитви, які змінили наше життя й роблять це знову й знову. Ми також вирішили вчити їх із самого малечку, як застосовувати ці молитви у своєму житті.

Озираючись на два десятиліття виховання дітей, ми розуміємо, що не були досконалими батьками, проте ми щасливі, що допомогли нашим трьом хлопчикам стати емоційно, духовно й фізично сильними. Бо щоразу, коли виникала потреба, ми молилися з ними про зцілення і звільнення та помічали зміни в їхній поведінці й ставленні. Сьогодні вони успішні, цілісні молоді люди. Вони не лише знають і люблять Бога, а й пережили Його силу. Вони навчилися молитися цими молитвами щодня, щоб справлятися з проблемами болю, гріха й демонічних атак.

Вибрані, поставлені на цю посаду та споряджені

Як батьки, ви маєте такі стосунки зі своєю дитиною, які не може мати жодна людина на всій планеті. Бог дав вам цей дар. Він задумав ці стосунки, щоби приносити велику взаємну радість. Він вибрав саме таку модель, щоб навчити дитину глибоко знати й любити Бога та слідувати за Ним усі дні свого життя[1]. Сам Господь показав нам такий приклад — Він і батько і мати Своїм дітям. Отже, батьківство й стосунки — це сама суть і основа того, Ким є Бог.

Він не лише обрав вас, а й наділив вас здатністю знати свою дитину так глибоко, як ніхто інший. Ваша близькість до своїх дітей дає

---

[1] Див.: Повторення Закону 6:5-9; Приповісті 22:6; До Ефесян 6:4.

вам змогу помічати в них і в їхньому оточенні такі зміни, які інші можуть не побачити. Ці зміни можуть стати ключем до того, що насправді відбувається в їхньому житті та якими є їхні реальні потреби.

Бог спорядив і підготував вас для роботи, яку Він вам доручив: якщо ви відроджений послідовник Христа, то маєте Його розум, мудрість, владу й авторитет. У вас діє та сама сила, що воскресила Ісуса з мертвих. Його зцілювальна сила може текти через вас, щоб задовольнити будь-які потреби вашої дитини: чи то фізичні, чи то емоційні, чи то духовні. Він може використовувати вас, щоб змінити ситуацію[2]. Це духовні істини, і ми маємо почати спиратися на них, навіть коли наші почуття говорять нам щось інше.

У нас із Деніелом було багато своїх проблем, однак ми були сповнені рішучості застосовувати духовні інструменти, які мали. Ми вирішили бути впевненими в тому, що Бог вестиме нас і використовуватиме, щоб допомогти нашим дітям упоратися з усім, що підкидатиме їм життя. Також ми дуже хотіли навчитися більшого. А найголовніше — ми були всім серцем посвячені та віддані Господу.

Ви можете це зробити!

Є духовний вимір цього світу, а також емоційний і духовний вимір ситуацій, які ми переживаємо у фізичній сфері. Як показує наш досвід, багато емоційних, духовних і навіть фізичних проблем у дітей і підлітків сягають корінням в емоційний біль, болісні спогади, негативні реакції на кривду, у гріх, з яким не вдалося розібратися, або ж у демонічні сили, що отримали доступ до їхніх життів. Бог хоче показати нам це коріння, а хрест дає можливість ефективно з ним боротися.

Господь — джерело зцілення й свободи — навіть перед лицем найбільших труднощів і проблем. Якщо ми перебуваємо з Ним, Він направлятиме, вестиме й використовуватиме нас, щоби принести Своє зцілення та звільнення нашим дітям.

---

[2] Читайте: Івана 3:16; До Ефесян 1:19; 1 до Коринтян 2:14-16; Матвія 28:18-19; 10:8.

Тому, якщо ви відчуваєте або, можливо, знаєте напевно, що вашій дитині потрібна допомога, щоб упоратися з душевними ранами й болем, або вона бореться з гріхом, або перебуває під впливом демонічних атак і пут — збадьортеся! Бог поставив вас на цю посаду й спорядив вас, батьків-християн, щоб зцілювати й звільняти! Він за вас! Він любить ваших дітей і хоче для них духовного, емоційного та фізичного здоров'я!

Коли ви навчитеся застосовувати ідеї та молитви, якими ми ділимося в цій книжці, з дедалі більшою впевненістю й авторитетом, відповідно адаптуючи до віку вашої дитини та обставин, ви здивуєтеся, побачивши, які зміни відбуваються в її житті та в атмосфері вашої родини загалом. Чинячи так, ви допоможете своїм дітям закласти емоційні, духовні й фізичні основи, необхідні їм для процвітання.

Пауза для роздумів

Яким батьком / матір'ю ви хочете бути?

Подякуйте Богові за те, що він обрав вас, поставив на посаду батька / матері й спорядив, щоб допомогти вашим дітям процвітати!

2

ЯКІСТЬ ЖИТТЯ, ЩО ПЕРЕВЕРШУЄ ВСІ ВАШІ МРІЇ

Завдяки хресту Ісуса це стає можливим

Початковий план і серце Бога були спрямовані на те, щоб кожна дитина зростала з татом і мамою, у безпечному, стабільному домі, наповненому любов'ю й вірою. Очевидно, що багато дітей сьогодні зростають у не найкращих, іноді в нестерпно важких умовах. Одні пережили смерть, розлучення батьків або повсякденно оточені чварами, сварками чи нестабільністю. Другі почуваються дуже самотніми.

Хай би якими були обставини, хоч би якою густою була темрява, хоч би яким глибоким був біль, що його відчуває дитина, Бог піклується про неї. Бог піклується про ваших дітей. Він бачить їхні образи, боротьбу й біль. Він бачить, чим вони зв'язані і як прагнуть звільнення. Біблія говорить, що всі люди настільки цінні для Господа, що навіть волосся на нашій голові полічене (див.: Луки 12:7). Ми також читаємо, що Бог «сформував мене в лоні моєї матері» (Псалом 139:13). Він знає нас на ім'я (див.: Ісаї 43:1). Усі ці вірші стосуються й вашої дитини!

Якщо ви християнин, то, напевно, чули, що Ісус Христос розібрався з вашим гріхом і гріхом усього світу на хресті. Це не просто дана вам обіцянка життя після смерті. Боже бажання — дати нам щось більше, ніж богословську «довідку про вихід із в'язниці»; бути батьками-християнами — це значно більше, ніж просто приводити своїх дітей погратися на майданчик чи привозити їх у неділю на дитяче служіння в церкву або в якийсь цікавий літній табір.

Батьківство — це пречудова пригода, у яку запросив вас Бог. Він справді піклується про кожного з вас і ваших дітей. Йому не байдуже до ваших ран, болю й проблем; Господь хоче, щоб ви брали активну участь у процесі поліпшення цього світу, де кожен може жити повноцінним життям.

Життя на повну

Як християни ми знаємо, що Ісус спасає або ж що Він прийшов спасти. Однак багато хто не усвідомлює, що спасіння передбачає повноту життя, а також зцілення.

Поміркуймо над словами Ісуса: *«Я ж прийшов, щоб ви мали життя і щоб над міру мали»* (Івана 10:10). Коли ми дивимося на служіння Ісуса, то розуміємо, що Він мав на увазі. Син Божий зціляв людей, захищав їх, навчав і навіть годував. Тобто повнота життя, про яку говорив Христос, — це здоров'я, свобода й задоволення наших природних потреб. Зверніть увагу, що грецьке слово *soteria* («спасіння») перекладається як «зцілення» в таких прикладах:

- Жінка, яка дванадцять років потерпала від кровотечі, говорила сама собі: «…Як тільки доторкнуся до Його одягу, стану здоровою. Ісус же, обернувшись і побачивши її, сказав: Кріпися, дочко! Віра твоя тебе спасла. І жінка була оздоровлена тієї ж миті» (Матвія 9:21-22).
- Дочка Яіра помирала, тому він благав про допомогу: «…Прийди і поклади на неї руки, щоб видужала й жила!» (Марка 5:23).

Являючи повноту життя, Ісус не лише показував Боже серце до дорослих і дітей, Він також навчав Своїх послідовників бути людьми, які зцілюють і звільняють. Він обіцяв, що прийде Святий Дух і віруючі отримають силу розібратися, що заважає їм та їхнім дітям жити повним, багатим життям. Коли ви силою Святого Духа навчитеся справлятися з такими речами, як образа, біль, гріхи й демонічні атаки, тоді зможете насолоджуватися якістю життя, яка тепер здається вам недоступною і перевершує ваші найсміливіші мрії.

Отже, якщо ви шукаєте, до кого звернутися по допомогу, коли щось турбує вашу дитину, насамперед зверніться до Бога! Він знає і любить ваших дітей. Він хоче повернути усмішку на їхні обличчя. Бог показав нам Свою любов і відданість, спустившись до нашого рівня, з вигляду ставши як людина й прийнявши муки хреста. Ісус витерпів хрест, бо думав про людей, про вас і ваших дітей (див.: До Євреїв 12:2)! Син Божий хотів, щоб усі отримали спасіння, зцілення й жили в цілковитій свободі. Його воскресіння з мертвих — остаточна перемога над усіма силами, які відділяють нас від життя в достатку.

Історії змінених життів

У Наталі практично не було шансів жити в процвітанні: шістнадцятирічна мати народила її в непоказному швейцарському передмісті. Але побожні бабуся й дідусь допомогли виховати дівчинку. Коли Наталі стала підлітком, вони говорили з нею про неприйняття, яке супроводжувало її народження. Їхня залученість у життя онуки й постійні молитви назавжди змінили її долю. Сьогодні вона красива юна студентка університету, яка приймає життя й проживає його з радістю.

Таня виросла в Скандинавії з емоційно відстороненою мамою і батьком, який страждав на біполярний розлад. Однак їй пощастило, що з ними жила її прабабуся. Це стало для дівчинки справжнім благословенням. «Присутність прабабусі та її молитви зробили моє дорослішання в тій ситуації стерпним. Я була спустошена, коли втратила її в ранньому підлітковому віці, але вона проторувала мені шлях, яким я прийшла до Христа, коли стала дорослою».

Пауза для роздумів

Чи вірите ви в те, що Бог цінує і любить вашу дитину, що Він бачить вашу ситуацію?

Подякуйте Господу за хрест і за те, що Він хоче використати вас, щоби принести цілісність і здоров'я в життя вашої дитини.

3

ІСТОРІЇ З ПОЛЯ БИТВИ

Як ми гострили зброю

У цій книжці ми поділимося з вами реальними історіями з нашого досвіду як батьків і молитовних консультантів. Сподіваємося, вони надихнуть і підбадьорять вас. Якісь ситуації можуть здатися вам дивними, особливо якщо ви не знайомі з невидимою, духовою сферою, як і багато людей у західному світі. Проте, будь ласка, намагайтеся бути неупередженими, адже те, чим ми ділимося тут, може стати ключем до виходу із ситуації, у якій ви опинилися нині або опинитеся в майбутньому.

Молитва змінила народження нашого сина

Ми купали нашого первістка в молитві від самого зачаття й увесь час, поки він перебував в утробі. Ми молилися за його здоров'я, розвиток і захист. Ми просили, щоб любов і присутність Бога наповнювали його. А також цілеспрямовано молилися проти спадкової алергії та інших хвороб, що, як ми знали, були в обох наших сім'ях[3].

---

[3] Детальніше ми поговоримо про молитву за ненароджену дитину в розділі «Додаткові матеріали».

Якщо не зважати на постійну нудоту, вагітність протікала добре. Наш малюк мав народитися з дня на день, і ми були готові до його появи! Тому, коли лікар з усією серйозністю повідомив, що на нас чекають довгі важкі пологи або навіть кесарів розтин, ми були шоковані. Виявилося, що в дитини тазове передлежання. Нічого хорошого ця новина не обіцяла.

— Невже дитина не перевернеться сама? Не могли б ви перевернути її в потрібне положення? — запитували ми з тривогою.

Нам так хотілося народити природним шляхом! На що лікар відповів:

— З мого досвіду, малоймовірно, що на такому терміні дитина перевернеться сама. Я також не можу ризикувати, повертаючи її вручну, адже якщо пуповина намотається на шию, кисень перестане надходити в мозок.

Ми зрозуміли, що маємо вибір: прийняти те, що відбувається у фізичному світі, або боротися з цим у духовній сфері. Ми постійно молилися про легкі природні пологи й знали, що в плани Бога спочатку не входив сильний біль під час пологів — він став наслідком гріхопадіння людства. Ми вірили, що Ісус узяв увесь наш біль і забрав усі прокляття, коли Сам став за нас прокляттям на хресті. Ми розуміли, що ймовірність довгих і болісних пологів не була найкращим прогнозом від Бога для нас. Тоді ми усвідомили, що це пряме зазіхання на життя з достатком, яке подарував нам Ісус і за яке Він заплатив ціною Свого життя[4].

Ми вирішили молитися, прогнати страх і зміцнюватися у вірі в диво. Поклавши руки на мій живіт, Деніел узяв владу над усіма демонічними атаками, спрямованими зашкодити народженню нашого сина, і наказав кожному духу, причетному до того, що відбувається, забиратися геть. Я кілька разів позіхнула[5]. Потім Деніел звернувся до дитини та звелів їй в ім'я Ісуса Христа зайняти правильне положення для пологів. Під час молитви я відчула рух у животі, і ми зрозуміли, що Бог працює з

---

[4] Див.: Буття 3:16; До Галатів 3:13 та Ісаї 53:4.

[5] Під час молитов про звільнення людина часто може позіхати — біблійному слову «дух» відповідає слово «дихання».

малюком. Два дні по тому той самий лікар оглянув мене. Він здивувався, виявивши, що дитина дійсно перевернулася в ідеальне положення! Коли дійшло до пологів, вони були настільки стрімкими й легкими, що Бен ледь не народився в машині дорогою до лікарні!

Перешкоду для зачаття усунуто

Коли ми почали думати про другу дитину, Господь показав, що дає нам ще одного сина, Самуїла. Однак, на відміну від нашої першої дитини, якою я завагітніла досить швидко, здавалося, щось перешкоджало появі Самуїла. Ми запитали Господа, як молитися, і згадали, що мати Естер теж мала певні труднощі із зачаттям другої дитини. З'явилося відчуття, що в духовному світі щось блокувало вагітність. Коли ми помолилися й звільнили Естер, вона відчула в животі щось на кшталт тиску, який потім зник. Наступного місяця вона завагітніла!

Зайве говорити, що народився хлопчик, якого ми, певна річ, назвали Самуїлом. Цей випадок показав нам, що в житті щось може перешкоджати отримувати те хороше, що Господь хоче нам дати. Ми можемо молитися та просити вказати нам на це, а потім молитися й усувати виявлені перешкоди в духовному світі.

Наша дитина отримує свободу від страху

Одного разу Деніел дивився документальний фільм про дику природу, а наш шестимісячний син мирно спав у візочку поряд. Коли величезний крокодил роззявив свою жахливу пащу, Деніел глянув на сина й здивувався, що той не спав і дивився на екран телевізора. Несподівано малюк зайшовся несамовитим плачем, і всі спроби заспокоїти його були марними. Годі було й думати приспати дитину. Деніел не знав, що робити далі, тому помолився й попросив у Бога мудрості. Він відчув, що сина атакує демонічний дух і треба наказати йому піти. Коли він це зробив, на обличчі малюка з'явився вираз жаху — так проявився дух страху, який негайно вийшов. Обличчя нашого хлопчика розслабилося, він заплющив очі й одразу ж заснув!

Розмірковуючи над цим епізодом протягом багатьох років, ми часто ставили собі запитання, а що, якби ми дозволили духу страху залишитися й пустити коріння в житті нашого сина. Суто з людського погляду й розуміння ситуації складно пояснити те, що трапилося, хоча в духовному аспекті це мало сенс. Розумієте, за наших дітей точиться битва. Так само, як і на будь-якій війні, ворог грає нечесно. Він приходить украсти, убити та погубити й робить це за першої-ліпшої нагоди й у будь-який спосіб. А Ісус прийшов дати життя й життя з достатком (див.: Івана 10:10). Ця ситуація показала, що важливо бути підготовленими й щоденно впроваджувати у виховання дітей молитви про зцілення та звільнення.

Звільнення нашої дитини від нечистоти

Вірите чи ні, проте деякі діти й досі зростають у світі, де гратися посеред вулиці та вештатися з іншими дітьми — нормально. Наші діти були саме такими. Молодші гралися під не надто пильним наглядом старших, і всі постійно ходили одне до одного в гості. У тихому аргентинському передмісті, де на дорогах мало машин, це здавалося досить безпечним. Однак, коли одного дня наш п'ятирічний син повернувся з вулиці додому, ми помітили, що з ним щось не так. Його погляд здавався неспокійним; коли ми дивилися на нього, він був не схожий сам на себе. Ми запитали, чи нічого не трапилося, і почули у відповідь «ні». Та спостерігаючи за його поведінкою протягом наступних кількох днів, ми зрозуміли, що хлопчик, мабуть, потрапив під вплив якогось нечистого духа. З'ясувалося, наш син побачив сексуальну сцену по телевізорі в домі сусідів, і дух нечистоти спробував увійти в його серце. Ми пояснили йому, що можемо наказати гидоті, яка його бентежить, піти в ім'я Ісуса. Він погодився, одначе коли ми це зробили, забився під ліжко й закричав, щоб ми йшли геть.

Не зважаючи на це, ми молилися й далі. Спокійно та твердо ми викрили духа, який напав на сина, і наказали йому забиратися геть. За кілька хвилин наш малюк виліз із-під ліжка й умостився в Деніела на колінах. Коли ми подивилися йому в очі, вони випромінювали мир і спокій — дитина знову стала собою! Ми подякували Господу за те, що дав нам розуміння, як виявити демонічну атаку й упоратися з нею, перш ніж дух справді міцно зачепиться й почне сплітатися з особистістю сина, яка лише формується.

Упровадження молитов про зцілення та звільнення в повсякденне життя

У процесі дорослішання наших дітей молитви про їхнє звільнення стали частиною повсякденного життя. Ми розвинули звичку просити у Святого Духа керівництва в тому, *як* молитися й *що* робити, коли помічали, що наша дитина не має успіху в певній сфері свого життя. Щоразу ми бачили суттєві зміни, коли молилися за зцілення та звільнення так, як вів нас Господь.

Сьогодні наші сини емоційно, духовно й фізично сильні молоді люди. І річ не в тім, що процес дорослішання виявився для них простим і легким. Якраз навпаки — їм довелося зіткнутися з величезними труднощами, включно з переїздом із провінційної північної Аргентини до жвавого швейцарського мегаполіса. Однак вони вчаться справлятися з емоційними ранами, гріхом і демонічними атаками так, як учить нас Бог. Ми молимося про те, щоб історії та ідеї, якими ділимося в цій книжці, надихнули вас і дали сили служити й спорядити свою дитину духовними інструментами, що потрібні для її процвітання.

> **Пауза для роздумів**
>
> Які історії маєте ви?
>
> Може, нині ви переживаєте ситуацію, яка нагадує поле битви? Попросіть Бога підготувати й спорядити вас, щоб ви допомогли вашій дитині долати труднощі тепер і в майбутньому.

БОРІТЬСЯ СЬОГОДНІ, ЩОБ ТАНЦЮВАТИ ЗАВТРА!

Чому дітям потрібні молитви за зцілення та звільнення

Коли наші хлопчики росли, ми працювали в північній частині Аргентини, де навчали дорослих і створювали низку програм для дітей, постійно допомагаючи людям розв'язувати проблеми в їхньому особистому житті. Знову й знову ми виявляли, що коріння цих проблем сягає в дитинство — коли дитина переживала обрáзи, болісні стосунки або травми. Який безлад панував у життях багатьох людей! Ми немов намагалися розплутати величезний клубок ниток, що потрапив до лап кота, — ця справа забирала стільки ж часу! Якщо не надати допомогу, не обробити й не полікувати звичайну рану, може початися зараження. Так само й рани дитинства: гнояться й стають твердинями, які призводять до неправильного вибору, нечестивого способу життя та ще більш складних стосунків.

Багатьох проблем можна уникнути

Ми запитували себе, яким було би життя цих людей сьогодні, якби їм допомогли впоратися з образами, болем і травмами ще *в дитинстві*? Який характер мали би вони сьогодні, якби ще в дитячому віці навчилися Божого способу реагування на біль і образу й не дозволили гіркоті, ненависті та непрощенню пустити коріння й гноїтися в їхніх серцях? Скількох страждань і болю можна було б уникнути, якби вони отримали звільнення від демонічних духів, щойно ті спробували вторгнутися в їхнє життя, і не дозволили їм залишитися, пустити коріння й стати твердинями?

А як щодо безлічі скривджених дітей у недільних школах і дитячих садках? Чи можна їх зцілити й звільнити за допомогою тих самих молитовних інструментів, які ми використовували в служінні дорослим і адаптували до власних дітей? Чи могло б їхнє майбутнє скластись інакше?

Незабаром у нас з'явилася можливість дізнатися про це, коли ми долучилися до роботи в дитячому садку в сусідній провінції Жужуй. Дитячим центром керували кілька сестер і психолог-християнин, які бачили, як страждання в сім'ях переходять із покоління в покоління. Вони відчули, що молитви про зцілення та звільнення могли би стати інструментом, здатним розірвати трагічне коло жорстокого поводження, небажаної вагітності, покинутості, бідності тощо, які повторюються з роду в рід. Почавши служити цим дітям, ми побачили, що молитви про зцілення та звільнення дійсно здатні змінити ситуацію як негайно, так і в довготривалій перспективі.

Зважаючи на свій досвід, ми почали адаптовувати молитви про зцілення та звільнення, якими молилися під час консультування дорослих, відповідно до потреб і віку наших хлопчиків, а також інших дітей, з якими ми спілкувалися в церквах.

Паралель між зціленням і звільненням
для дорослих і дітей

Ми всі знаємо, що в дитинстві нас кривдять. Проте часто не спроможні виразити свій біль або впоратися з ним. У дитинстві ми також робимо погані вчинки, але не знаємо, як їх виправити або як упоратися з почуттям провини. Можна потрапити під демонічний вплив і не знати, як захистити себе чи звільнитися від нього.

Дух дитини може бути цілковито живим для Бога через Христа, навіть якщо її тіло й душа ще перебувають у процесі розвитку й дорослішання. Наприклад, малюк може, як дорослий, поклонятися Господу й водночас улаштовувати істерику, якщо не отримує бажаного. Для здорового розвитку дітям треба допомогти навчитися контролювати свої емоції і тіло.

Тому наша роль як батьків — допомагати дітям у всіх цих сферах. Із того моменту, коли дитина здатна проявляти свою волю, її треба навчати молитися й максимально задіювати волю в процесах звільнення та зцілення[6].

Пауза для роздумів

Скільки б користі ви отримали, якби в дитинстві за вас молилися молитвами про зцілення та звільнення?

Чи є для вас новим поняття про те, що дитина має дух, душу й тіло? Щоб дізнатися більше, прочитайте 1 до Солунян 5:23 та Ісаї 61:1-3.

---

[6] Дивіться також адаптовані молитви для дітей різного віку в розділі «Додаткові матеріали».

5

ЗДОРОВІ ДОРОСЛІ — ЗДОРОВІ ДІТИ

Практичні зміни на глибокому рівні

Мелані, мати-одиначка, привела до нас свого восьмирічного сина, у якого виникли проблеми з поведінкою в школі. Під час консультування з'ясувалося, що їй важко встановлювати чіткі та послідовні межі — проблема, що сягає корінням гніву, який жінка відчувала до власного батька. Він постійно вказував на її помилки, рідко хвалив і майже ніколи не підтримував. Мелані повстала проти цього й заприсягнулася ніколи не бути такою, як її батько. Коли ми молилися, вона пробачила йому й розкаялася у своєму бунті та поведінці. Після цього авторитет матері, даний їй Богом, почав відновлюватися, вона навчилася встановлювати відповідні межі й бути послідовною у вихованні сина. Процес зміни мами й сина відбувався паралельно.

Зцілість себе, зцілість свою дитину

Як і Мелані, ви можете визначити, які сфери у вашому житті впливають на вашу дитину й потребують Божого дотику. Пам'ятайте, вам не треба бути професіоналом, духовним гігантом або навіть ідеальним батьком чи матір'ю, щоб допомогти своїй дитині подолати проблеми, застосовуючи молитви за зцілення та свободу. Що вам справді потрібно, то це відкритися для Божої роботи й бути готовими змінити свій підхід там, де це необхідно.

Багато батьків відчувають дискомфорт від думки, що можуть бути частиною проблеми. Набагато легше вказувати на суспільство, вчителя, інших дітей, синдром або хворобу. Іноді такі пояснення правдиві. Ісус сказав, що *істина* зробить вас вільними (див.: Івана 8:32). Чудовий початок — чесно поглянути на ситуацію у вашому домі, на свою поведінку в минулому й сьогодні. Бог добрий і милостивий. Він не залишає нас із почуттям провини й осуду, а наповнює новою надією та свободою.

Розмірковуючи про проблеми, з якими бореться ваша дитина, можливо, ви побачите паралель зі своєю біографією. Підбадьортесь, Господь хоче зцілити вас обох! Вашій дитині необов'язково проходити через те, через що пройшли ви. Молитва змінює долі.

У дитячому садочку в Жужуй ми зрозуміли, що можна розірвати коло гріха й руйнування. Покладіть свою віру на Ісуса, повірте, що Він може зцілити вас і дати вашій дитині яскраве, світле майбутнє. Відкриваючи Богові своє життя й шукаючи зцілення та повноти в усьому для вашої дитини, дозвольте Йому зцілити ваші рани. Покладайтеся на Його одкровення та керівництво в тому, як молитися за дитину й разом із нею про ті проблеми, що турбують її.

Ситуації, що потребують змін у практичному вихованні дітей

Хоча основна увага в цій книжці зосереджена на питаннях, що потребують зцілення та духовної свободи, деякі випадки треба змінити практично.

Хуан (дев'ять років)

До нас прийшла мама дев'ятирічного хлопчика, у якого підозрювали СДУ (синдром дефіциту уваги). Під час розмови з'ясувалося, що вони з чоловіком абсолютно по-різному розуміють, скільки часу треба спати дитині для повноцінного відпочинку. Від відповіді на запитання, о котрій годині Хуан лягає спати, жінка довго ухилялася, поки нарешті не зізналася, що боялася нав'язати синові розпорядок дня. У наслідку хлопчик страждав від хронічної перевтоми. Замість молитов про зцілення та звільнення йому треба було просто раніше лягати спати.

Друга проблема полягала в тому, що, засиджуючись допізна, Хуан бачив по телевізорі те, з чим його юна душа ледве справлялася. А постійні непорозуміння між батьками стали для хлопчика джерелом глибокої невпевненості й страху. Його поведінка почасти стала реакцією на хаотичну, напружену обстановку вдома.

І хоча основна проблема спостерігалася у фізичному світі, варто зазначити, що постійні чвари в родині насправді додали до неї духовний аспект. Річ у тім, що коли між батьками немає згоди та єдності, то їхні діти стають вразливими до демонічних атак[7]. Подобалося їм почуте чи ні — цій парі довелося сісти, обговорити ситуацію та дійти згоди щодо того, як вони виховуватимуть свою дитину.

Ситуації, що потребують зцілення та звільнення на глибокому рівні

Визнання того, що наше виховання неефективне через те, що щось у нашому житті підкидає хмизу у вогонь, є нелегким, протвережує і завдає болю. Якщо ми реагуємо на свою дитину, будучи скривдженими й перебуваючи в демонічному рабстві, жодні поради з практичного виховання не допоможуть. Однак зцілення та звільнення на глибокому рівні можуть стати ключем до змін. Щоби проілюструвати це, ми ділимося ситуаціями із життя нашої родини.

---

[7] Служіння Дерека Прінса, *Instruction On Deliverance For Children And Their Parents,* 1971.

Історія Естер

У дитинстві я часто страждала від незрозумілого болю в животі й іноді хотіла померти. Я часто занурювалася у фантастичний світ героїчних учинків і сексуальних мрій. Зауважте, що я зростала в Кенії без телебачення й журналів, які могли б навіяти подібні думки. З дорослішанням, часті зміни настрою, відкинутість та ізольованість посилювалися. Коли мені було сімнадцять, на одній із конференцій я поговорила з консультантом про свої сексуальні фантазії й отримала звільнення від почуття провини та сорому. Я відчула себе чистою, з мене звалився величезний тягар. Однак, коли я вийшла заміж, мені було важко відкритися чоловікові, виникли складнощі в сексуальній сфері. І тоді Господь показав мені корінь моїх проблем. Коли я була ще зовсім маленькою дівчинкою, якийсь хлопець у Кенії намагався зґвалтувати мене. Деніел молився зі мною, дотримуючись кроків для внутрішнього зцілення та звільнення[8]. У наслідку я змогла краще відкритися в сексуальному й емоційному плані, але все ще відчувала перепади настрою, періоди темряви й відчаю.

Коли нашому першому синові виповнилося тринадцять, наші з ним стосунки докорінно змінилися. Я не могла зрозуміти, що зі мною відбувається. Я дуже сильно його любила, проте водночас почала відкидати його. Мене буквально шокувало почуття ненависті, що піднімалося в мені в різних ситуаціях. Часом мені хотілося побачити, як він страждає. Ми часто сварилися, і син бунтував чимраз сильніше. Його душевний біль посилювався, і він почав стрімко віддалятися від нас, скочуючись униз по спіралі руйнування.

Тоді Деніел зрозумів: щось у мені все ще потребувало зцілення, і то невідкладного, поки ми остаточно не втратили сина.

Ми попросили Господа показати нам корінь проблеми, що отруювала наші стосунки. Під час молитви Бог повернув мене в ту ситуацію, коли хлопчик-підліток намагався зґвалтувати мене в гостьовому будинку в Кенії. У шестирічному віці я не розуміла, що відбувається, і моя свідомість негайно заблокувала цей інцидент. А коли мій син до-

---

[8] Див. книжку *Ministering Below the Surface* Альберта й Елізабет Тейлорів.

сяг приблизно того ж віку, що і той підліток, у мені спрацював спусковий механізм. Усі спогади ожили.

Я пройшла з Деніелом етапи зцілення від важких спогадів і здобула більшу свободу й стабільність. Я також відвідала зцілювальний ретрит в Англії і отримала зцілення від депресії, пов'язаної з цими спогадами. Один із приїжджих служителів, який нічого не знав ні про мене, ні про мої стосунки із сином, сказав мені: «Чи ти знаєш, що для свого сина ти є представником Бога? Перестань відкидати його. Люби його беззастережно, любов'ю Отця».

Моє зцілення врятувало наші стосунки із сином. Я перестала відкидати його й почала любити та приймати. Зміни в мені дали йому змогу знову відкрити своє серце Богу. Сьогодні в нас теплі, близькі взаємини. Разом із Деніелом ми змогли допомогти нашому синові повернутися в місце благодаті. Нині він усім серцем любить Господа, слідує за Ним і служить Йому. Я ніколи не зможу знайти достатньо слів, щоб висловити Богові подяку за все, що Він зробив для нас!

Пауза для роздумів

Які практичні зміни потрібні вашому підходу до виховання?

Як ваші проблеми можуть бути пов'язані з труднощами, з якими стикається ваша дитина? Ухваліть рішення попрацювати над цим.

Дім, що зцілює

Б.

ДІМ, ЩО ЗЦІЛЮЄ

6

ВЗАЄМИНИ «СЕРЦЕ-ДО-СЕРЦЯ»

Пріоритетність стосунків

Щоби пояснити суть поняття «влада», проповідники часто вдаються до ілюстрації регулювальника дорожнього руху. Наділений певною владою, він скеровує рух машин так, щоб уникнути аварій і хаосу на дорозі. Це не потребує великих зусиль. Так само батькам-християнам довірено духовну владу, щоб наставляти й направляти своїх дітей, уникати хаосу в сім'ї[9]. Як батьки ви загалом відповідаєте за сім'ю, а не за вулицю. Сім'я має стратегічну й упорядковану структуру. Батько як голова сім'ї має обітницю присутності Христа в його домі (див.: Матвія 18:18). За відсутності батька Сам Господь входить у сім'ю, щоб виконати його роль (див.: Псалом 68:5). У цьому сенсі християнська сім'я є церковним осередком, а віруючі батьки — логічним і уповноваженим вибором для керівництва, настанови й служіння своїм дітям[10].

---

[9] Див.: Буття 11 (особливо вірш 19); Приказки 22:6.

[10] Bill Banks, *Deliverance for children and teens*, с. 112.

Виховувати учнів

Регулювальник віддає накази на відстані. Йому не треба знати людину особисто або мати стосунки з тими, кому вказує напрямок руху. Однак батьки повинні мати глибокі, близькі стосунки зі своїми дітьми — так само, як Бог Отець має близькі стосунки із Сином і Святим Духом. Отже, наша батьківська влада має бути вбудована в стосунки та спілкування з дитиною.

У Своїй останній настанові, записаній в Євангелії від Матвія 28:16-20, Ісус велить не лише розповідати людям Добру Новину, а й виховувати учнів. Як християни ми маємо усвідомити, що нас оточує безліч людей, яким треба пізнати Христа й стати Його учнями. Напевно, ми з радістю прагнемо виконати це доручення! Однак для нас, батьків-християн, наші діти мають стояти на першому місці в списку тих, для кого ми є наставниками і з кого ми виховуємо учнів Ісуса. Ми зустрічали чимало людей, які виросли в християнських сім'ях, одначе з віком відвернулися від Бога. Дуже часто таке трапляється через те, що їхні батьки не змогли побудувати з ними глибокі, близькі стосунки й ефективно напоумити їх.

Процес учнівства готує нас і дає змогу надалі спілкуватися з Богом самостійно. На базовому рівні учень — це той, хто тісно контактує зі своїм лідером, слідує за ним і наслідує його. Протягом трьох років учні весь час жили поруч з Ісусом. Вони слухали й училися з Його слів і дій, переймали науку свого Наставника. Не завжди все добре виходило, але Ісус допомагав, підбадьорював і виправляв їх. Схоже, Він ніколи не випускав з уваги те, ким вони стануть. І хоч на той час Його учні були різношерстим неотесаним натовпом, зрештою саме вони поширили Євангелію по всьому відомому їм світі, назавжди змінивши історію людства. Діти мають гостру потребу в таких близьких стосунках і підтримці з боку батьків, які бачать їх такими, якими вони є нині, і прагнуть допомогти їм стати тими, ким вони можуть бути.

Як це робив Ісус

Бачити наших дітей очима Христа не означає применшувати чи замовчувати їхні недоліки. Це означає бачити, ким вони є тепер і ким стануть у Христі, таким чином готуючи їх повністю реалізувати потенціал Розбиратися з важкими, неприємними чи навіть загрозливими ситуаціями — частина процесу учнівства. Знову-таки, Ісус залишив нам прекрасний приклад того, як це робити!

Візьмімо хоча б Петра — запального, імпульсивного учня, який відрубав вухо слузі первосвященника, намагаючись зупинити арешт Ісуса. Петро заприсягся завжди, навіть до смерті, слідувати за Христом, хай куди Він ітиме, а вже за кілька годин тричі відрікся від Нього, не менш рішуче стверджуючи, що не знає свого Учителя. Попередження Христа про зречення Петра змусило учня почуватися ще гірше. Розчарований у собі та пригнічений, він повернувся до свого колишнього заняття — риболовлі. Історія на тому й закінчилася б, якби не одне «але» — Ісус воскрес із мертвих.

Для Петра навіть це не мало значення, поки він не пережив особливу зустріч з Ісусом на березі Галілейського моря. За обідом Христос проводить Петра через свого роду внутрішнє зцілення. Ісус тричі запитує Свого учня, чи любить він Його. Петро щоразу відповідає, що любить — або принаймні Ісус йому подобається (див.: Івана 21:15-17). (У грецькому оригіналі Євангелії в запитанні Ісуса вжито слово «агапас». У відповіді Петра — «філіо», тобто люблю як друга. В англійському варіанті цієї книжки автор вжив слово *like* — «подобатися».) Можливо, «подобаєшся» — це все, що Петро спромігся сказати після того, як покинув Ісуса в скрутну годину. Але в одному з найбільш зворушливих уривків Писання Син Божий довіряє цьому зломленому, приниженому й розчарованому чоловікові пасти Своїх овець!

Христос укладав час і сили в те, щоб навчити учнів, яких Бог довірив Йому, справлятися з тим, що може їх погубити: кривди, біль, гріх, помилки. Він також розповідав їм про царство сатани, пояснював, як воно діє, і навчав, як перемагати його на особистому рівні та спільно[11]. Якщо нам довірили наставляти дітей, то необхідно знати, як це робити, брати приклад з Ісуса й навчати того, чого Він навчав Своїх учнів. Це має бути нашою повсякденною справою.

Стосунки

Взаємини «серце-до-серця» лежать в основі учнівства та дому, що зцілює. Такі стосунки не з'являються за замовчуванням, і ви не отримуєте автоматично право й доступ до серця вашої дитини лише тому, що ви її народили. Вони цілеспрямовано вибудовуються роками. І для побудови стосунків, у яких дитина впустить вас у своє серце, важлива не тільки якість, а й *кількість* часу, проведеного разом.

Діти не обов'язково відкриваються, коли нам це зручно. Але ви можете організувати себе так, щоби бути поруч, коли вони це роблять і коли це буде важливо для них. Проводьте з дітьми якомога більше часу, робіть щось разом, просто будьте поряд. Докладайте зусиль, дивіться їм у вічі, слухайте, що вони насправді говорять.

Взаємини «серце-до-серця» дадуть вам змогу побачити зміни у вашій дитині, ознаки того, що вона може відчувати труднощі.

Найімовірніше, дитина розповість про те, що її турбує, саме вам, а не комусь іншому. У вас із дітьми особливий зв'язок, лишень ви маєте унікальний доступ до їхніх сердець, вони бачать вашу турботу на ділі, з вами вони почуваються в безпеці. Завдяки таким стосункам ви будете поряд, щоб скеровувати й навчати їх справлятися із ситуаціями та проблемами відповідно до Божих настанов.

Тому зробіть своїм пріоритетом побудову й підтримку міцних стосунків із дитиною. Обійми та поцілунки, ігри, читання й розповіді, спільна робота над завданнями, уважне слухання, зоровий контакт, коли дитина розповідає вам про щось важливе для неї, — ось лише деякі зі способів, що є помічними для побудови міцних стосунків зі своєю дитиною з першого дня її появи на світ.

---

[11] Наприклад, Матвія 4:1-11; Матвія 16:19; Марка 5:1-20; Луки 8:2; Матвія 12:22-30.

І останнє, але не менш важливе, — покажіть їм безумовну любов, таку, яку Ісус виявив до Петра. Безумовна любов говорить: «Я люблю тебе за те, хто ти є, а не за те, що ти робиш чи чого не робиш. Я люблю тебе незалежно від того, як ти змушуєш мене почуватися чи який вигляд мати». Безумовна любов проявляється межами й наслідками, які спрямовані не на те, щоб контролювати й домінувати, а на формування та виховання благочестивого характеру, потрібного дітям, щоби по-справжньому процвітати в усіх сферах життя нині й у майбутньому.

Пауза для роздумів

Як би ви описали свої стосунки з дитиною сьогодні? Це більше схоже на відносини між водіями й регулювальником дорожнього руху чи на взаємини «серце-до-серця»?

Які практичні кроки ви можете зробити, щоби побудувати більш глибокі стосунки зі своєю дитиною? (Більше ідей ви знайдете в розділі «Додаткові матеріали».)

7

РОЗПІЗНАЄМО ЗНАКИ ТА СИГНАЛИ

Розуміння того, що відбувається насправді

Що міцніші ваші стосунки з дитиною, то легше вам буде помітити й розпізнати, що вона, можливо, бореться з проблемою і потребує в цьому вашої допомоги. Якщо звичайна поведінка дитини змінилася або якщо ви відчуваєте, що вона не розвивається так успішно, як могла би, придивіться уважніше та спробуйте зрозуміти, що сталося або відбувається в житті вашої дитини.

Можливі ознаки наявності проблеми:

- Зміни у звичайній поведінці, наприклад агресія, відчуженість / замкнутість.
- Сум, страх або злість в очах.
- Дитина уникає дивитися в очі.
- Антисоціальна поведінка.
- Ухильні відповіді.

- Збентеження чи розгубленість.
- Втеча у світ фантазій.
- Дитина розігрує або малює незвично насильницькі або сексуальні сцени.

Візьміть побачене до уваги

Діти, особливо маленькі, живуть тут і зараз. Їм треба допомогти навчитися опрацьовувати інформацію та справлятися зі щоденними викликами. Недоброзичливі фрази, як-от «усі тебе ненавидять», можуть глибоко поранити. Якщо в цей момент хтось із батьків поруч, то на інцидент можна негайно відреагувати й швидко виправити ситуацію. Надвечір дитина може вже не захотіти говорити про те, що трапилося вранці. Найімовірніше, їй якимось чином удалося *впоратися* з проблемою на той момент, однак це не означає, що вона *розібралася* з нею. Тому ми рекомендуємо самостійно виховувати дітей, якщо у вас є така можливість. Або принаймні намагайтеся бути поряд, коли вони йдуть до школи й повертаються додому. Можливо, вам доведеться піти на певні жертви, щоби проводити більше часу зі своїми дітьми. Проте воно того варте!

Естер згадує:

Мамі достатньо було одного погляду на мене, щоб одразу вловити, в якому настрої я повертаюся зі школи. У підлітковому віці це іноді мене дратувало, хоча я була вдячна, що їй не байдуже. Після школи ми завжди разом пили чай. Мама уважно вислуховувала мене й цікавилася, як минув мій день. Ми обговорювали навіть найнезначніші ситуації. Жодна проблема не була надто великою чи надто маленькою — разом із Богом ми все долали в молитві! Якщо я приходила додому засмучена, розмова з мамою підбадьорювала мене, і незабаром я знову готова була зустрітися зі світом і взятися до виконання домашнього завдання!

Я була вдячна мамі за відчуття безпеки, тепла й комфорту, які давала мені ота щоденна розмова за чаєм, особливо в підлітковому віці. Тому я наслідувала її приклад зі своїми дітьми й роблю це донині. Так мені легше зрозуміти, що відбувається в їхніх серцях і життях. Я завжди була поруч, щоб навчити їх швидко справлятися з образою чи гнівом, швидко прощати, залагоджувати конфлікти з іншими людьми якомога швидше. Я так вдячна за отриманий привілей!

Чому важливо опрацювати проблему, а не просто вижити

Для формування здорової особистості життєво важливо розвинути певний рівень стійкості й товстошкірості. Це не означає, що треба вичавлювати з дітей відверті розмови або змушувати їх відкривати душу й говорити з нами абсолютно про все. Важливо читати знаки й бути поруч, коли їм необхідна допомога, щоб упоратися з чимось. Якщо дітям *постійно* доводиться справлятися з труднощами самостійно, є велика ймовірність того, що вони вироблять нездорові стратегії виживання, як-от заперечення, агресія, надмірна активність, вживання психоактивних речовин або переїдання. Скільки дорослих досі покладаються на ті самі непотрібні стратегії виживання, які вони виробили в дитинстві, завдаючи шкоди собі та іншим?

Реакція на розголошення інформації

«Тут я *заміняю вам батьків*, я для вас батько в школі, ви можете звертатися до мене з будь-яких питань». Доброзичливе звернення класного керівника на початку навчального року у восьмому класі. Одного разу під час обідньої перерви я наважилася й повірила вчителю на слово. Я розповіла йому, що підлість і знущання іншої вчительки в школі гнітюче впливають на весь наш клас, що ми не можемо більше терпіти й потребуємо його допомоги. «Ви правильно зробили, що довірилися мені, — сказав він, — я розберуся з цим». Не минуло й десяти хвилин, як у клас увірвалася вчителька, яка нас цькувала, і звинуватила мене в тому, що я скаржуся на неї за її спиною. Я була шокована й не могла стримати сліз. «Як він міг так учинити зі мною?» — запитувала я себе вражено. Тоді я востаннє довірилася вчителю.

Можливо, з вами траплялося щось подібне? Можливо, ви відкрилися людині, а вона лише посміялася з вас або применшила ваші переживання чи проблеми? Ви довірилися, а у відповідь вас зрадили. Якщо ви були в такій ситуації, готова закластися, що так само, як і я, ви більше ніколи не довіряли тій людині! Можливо, ви навіть заприсяглися, що більше ніколи не виявите слабкість і ніколи *нікому* не довіритеся.

Від того, як ми реагуємо на наших дітей, коли вони спілкуються з нами — вербально й невербально, — залежить, наскільки вони будуть відкриті з нами й чи звернуться по допомогу в майбутньому. Не варто вважати само собою зрозумілим, що наша дитина розповідатиме нам про свої проблеми просто тому, що ми її мама чи тато. Діти неймовірно сприйнятливі й чудово все вловлюють — чи ми дійсно слухаємо, чи більше думаємо про телефонний дзвінок, який нам треба зробити. Вони відчувають, чи вважаємо ми їх тягарем, а їхнє існування помилкою, чи ж ми з якихось причин розчаровані в них.

Відкриваючись, діти очікують, що ви вислухаєте їх, підтримаєте й зарадите їм у тих ситуаціях, з якими вони не можуть упоратися самотужки.

Пауза для роздумів

Що вам необхідно зробити, щоб краще розпізнавати знаки своєї дитини?

Як ви справляєтеся з травматичними ситуаціями (стратегії виживання)? Як це робить ваша дитина?

ВАШ ХРИСТИЯНСЬКИЙ СПОСІБ МИСЛЕННЯ

Дитяча довіра й духовна пильність

Ми говорили про важливість стосунків «батьки — дитина» і вашу присутність у домі, що зцілює. Як підготувати свій розум і створити таку духовну атмосферу в сім'ї, щоб ефективно справлятися з потребами й проблемами, що виникають? Ключ до розуміння питання криється в тому, як Ісус відповідав дітям, яких привели до Нього, коли Він був на землі, і що Він сказав дорослим про віру й довіру в цьому контексті.

Правильна адреса

Бог серйозно ставиться до задоволення потреб дітей, і ми маємо бути схожими на них, щоб отримувати від Господа те, що Він має для нас. У Євангелії від Матвія 19:13 ми читаємо:

Тоді привели до нього дітей, щоб руки поклав на них і помолився, а учні заборонили їм.

Можливо, учні вважали, що діти занадто галасують і відвертають увагу Ісуса від серйозних справ — навчання, зцілення, звільнення дорослих. Чи, може, вони вважали, що турбуватися про потреби дітей — нижче за гідність їхнього Вчителя? А може, що діти занадто малі, щоб зрозуміти, достатньою мірою взаємодіяти з Ісусом і отримувати від Нього те, що Він хоче їм дати? Хай якими були причини, Христос зупинив учнів:

…Облиште дітей і не забороняйте їм приходити до Мене,
бо для таких є Царство Небесне.

Матвія 19:14

А в наступному вірші Він покладає на дітей руки. І лише після цього Син Божий вирушив далі: «*І, поклавши на них руки, Він пішов звідти*» (Матвія 19:15).

Мабуть, кожна дитина мала емоційну, фізичну чи духовну потребу, тому батьки привели своїх дітей до Ісуса, і Він поклав на них руки. Лишень уявіть собі, яку любов, благословення, радість, силу та свободу отримали ці діти!

Тому, якщо Христос із радістю служив дітям і задовольняв їхні потреби тут, на землі, без сумніву, Він хоче робити це й нині, з небес. Незалежно від того, за яких обставин була зачата ваша дитина або дитина, якій ви служите, незалежно від того, яке в неї виховання чи з якими проблемами вона стикається, Бог любить її й запрошує до Себе. Якщо ви приведете дітей до Ісуса, Він не відвернеться від них!

Серце, як у дитини, вивільняє Божу силу

Ви помітили, що маленькі діти схильні беззастережно довіряти батькам?

Наруга, зневага, суворе відкинення руйнують таку довіру, але водночас дитина інстинктивно дивиться на батьків, очікуючи, що вони задовольнять її потреби. Батьки є центром усесвіту дитини. В її очах і, можливо, зі здобутого досвіду тато й мама знають і вміють усе!

Саме на таке ставлення, на серце, як у дитини, сповнене віри й довіри, указує Христос, кажучи: «*…бо для таких є Царство Небесне*». Коли ми приводимо дітей до Ісуса, то самі маємо бути як діти!

Бути як діти — це означає:

- Упевненість. Мій Небесний Батько — найсильніший Батько в усесвіті.

- Мир і безпеку. Я знаю, Хто мій Небесний Батько, тому розумію, хто я такий.

- Праведне життя. Я знаю, яка поведінка й ставлення приносять Йому радість.

- Віру. Мій Небесний Батько може зробити абсолютно все.

Утримуйте правильний фокус

Один із найбільших викликів для батьків-християн сьогодні — зберегти дитячу зосередженість на Богові, особливо коли різні експерти юрмляться довкола вас зі своїми порадами.

Коли учні намагалися утримувати батьків та їхніх дітей якнайдалі від Ісуса, мабуть, вони теж випустили з уваги, Ким був Ісус і що Він міг робити. Під натиском натовпу вони знову стали мислити категоріями цінностей цього світу й чинити відповідно. Як швидко таке може статися і з нами! Ми пізнали Ісуса й ідемо за Ним. Ми розуміємо, що Він здійснив у наших життях, однак коли постає проблема, ми повертаємося до старого способу мислення й у пошуках розв'язання покладаємося на себе! Таке ставлення перешкоджає Божій силі проявитися в нашій ситуації в усій повноті. Дитяча довіра, навпаки, очікує і вірить, що Господь хоче допомогти й допоможе. Завжди. Щоразу. Безвідмовно.

Розпізнавайте корінь проблем

Так само, як діти інстинктивно звертаються до нас, ми маємо навчитися інтуїтивно звертатися до нашого Небесного Отця від імені наших дітей. Коли ми звертаємося до Бога з дитячою вірою, довір'ям і очікуємо допомоги від Нього, то даємо змогу Святому Духу показати нам, що відбувається в серці нашої дитини і що їй справді потрібно в цій ситуації.

Дух Святий вів нас у такий спосіб багато років, завдяки чому ми зберегли свої нерви, ресурси й енергію та були огороджені від тривог і переживань. Скільки разів ми приносили дитину на руках молитви до Бога, а в голові роїлися запитання, які ми наводимо нижче. Він показував нам корінь проблеми, а відтак і давав розуміння, як найкраще допомогти дитині.

Запитання для роздумів:

- Корінь проблеми лежить у фізичній, емоційній або духовній площині, чи це комбінація всіх перелічених сфер?
- Чи потрібна тут медична допомога?
- Можливо, дітям просто необхідно поговорити про те, що їх турбує?
- Чи скривдили мою дитину чиїсь слова або вчинки?
- Чи потрібна моїй дитині допомога в тому, щоб налагодити стосунки з Богом та / або іншими людьми?
- Чи перебувають діти під демонічним впливом або переживають духовні атаки?
- Може, їм просто хочеться пити, або щоб їх обняли, або їм треба добре виспатися?
- Чи потрібна їм якась практична допомога або підтримка?

Дозвольте Царю здивувати вас

Деякі проблеми й ситуації є простими. Причина чи корінь проблеми зрозумілі. Наприклад, якщо ваша дитина впала й поламала ногу, то рішення очевидне — їхати до лікарні по допомогу лікарів.

Але навіть в обставинах, які потребують звичайного рішення, виробляйте в собі звичку звертатися до Бога та спочатку запитувати Його. Він дуже любить допомагати нам і дивувати нас. Одного спекотного літа ми пережили це з нашим молодшим сином.

У шостому класі він поламав палець. Нам здалося, що з гіпсом до самого ліктя в лікарні переборщили, але варіантів не залишалося, бо лікарі наполягали, що це потрібно. З гіпсом Пітер не міг плавати, а тому дуже засмутився. Літо тільки-но почалося, і він із нетерпінням чекав, коли зможе купатися в озерах і річках неподалік нашого будинку в Цюріху. А тепер виявилося, що йому доведеться цілих три тижні сидіти на березі й спостерігати, як розважаються його друзі. Ми принесли Пітера в молитві до Ісуса, вірячи в диво. Його лідер у церкві теж вірив і молився про чудо зцілення. Через шість днів Пітер пішов на огляд, йому зробили рентген, щоб переконатися, що кістка зростається правильно. На превелику нашу радість, лікар повідомив, що більше немає потреби накладати гіпс. У ньому більше немає потреби! Наш син поцікавився в лікаря, чи це нормально знімати гіпс усього лише через шість днів.

— Ні, зазвичай я так не роблю! — відповів той.

— То я тепер можу плавати? — запитав Пітер.

— Так, можеш, але будь обережний із пірнанням. Твій палець ще слабкий. Ти ж не хочеш поламати його знову?!

Дійте!

Коли Ісус вознісся на небеса, Він сів по правицю від Отця (див.: Марка 16:19). Чому сів? Тому що виконав усе, що було необхідно з Його боку, і дав владу Своїм послідовникам вести далі роботу в ім'я Його (див.: Матвія 28:18-20). Перш ніж піти, Ісус сказав:

Знову й знову запевняю вас, що той, хто вірить у Мене, робитиме діла, які Я роблю, — навіть більші від них чинитиме, бо Я іду до Отця.

Івана 14:12

Тож якщо Ісус покладав руки на дітей і задовольняв їхні потреби, ми, Його послідовники, можемо чинити так само. Якщо ми маємо дитячу віру й довір'я до Бога, ми можемо покладати руки на дітей і служити їм. Не має значення, які в них потреби. Не має значення, наскільки вони великі чи маленькі. Ми робимо це в ім'я Ісуса Христа, застосовуючи Його владу. Так, немов руки Сина Божого торкаються їх, а сила Його воскресіння тече через нас, щоб задовольняти їхні потреби. У цьому суть дому, що зцілює.

Пауза для роздумів

Наскільки дитячою є ваша віра й довір'я до Бога?

Поговоріть із Богом про будь-які проблеми й труднощі, що є в житті вашої дитини. Подякуйте Богові за те, що Він приймає вашу дитину, що бажає й може допомогти.

Уявіть, що ви покладаєте руки на дитину в ім'я Ісуса, щоб задовольнити її потребу. Якщо ви не практикуєте молитву за інших людей, скористайтеся своєю уявою, так ви звикнете до цієї ідеї.

ВАЖЛИВІСТЬ СЕРЙОЗНИХ ЗАПИТАНЬ

Плекайте щиру й надприродну віру

Можна робити все, що у ваших силах, щоби плекати атмосферу віри й довір'я у вашій родині. Однак щойно діти виходять за поріг дому, вони зазнають впливу ззовні, який може кинути виклик їхній вірі та порушити серйозні питання. Ми хотіли дати своїм дітям можливість розвивати свою віру на інтелектуальному, практичному та надприродному рівнях за допомогою молитов та інструментів, які пропонуємо в цій книжці. Тому ми визначили пріоритет — спілкуватися й молитися з нашими дітьми про те, що вони бачили й переживали в домі та за його межами. Ми знали, що залишений поза увагою біль і запитання без відповіді здатні дестабілізувати внутрішній стан і зруйнувати віру. Сумніви та зневіра, якщо їм дозволити рости, можуть підточити віру й довір'я, тому дітям стає складніше приймати те, що Бог має для них.

Отже, запитання полягає в такому: як ваші діти розбиратимуться з кривдами та болісними переживаннями? Як допомогти їм розвивати й зміцнювати свою віру? Як відповісти на серйозні запитання, як-от: «Чому це завдало мені болю?», «Чому Бог не докладе більше зусиль, щоб зробити світ кращим?», «Чому християни так часто зазнають невдач?», «Як поєднати нехристиянське навчання в школі з тим, що я чую вдома? Хіба наука не розвінчала віру?», «А як щодо віри й релігії?», «Як мені знайти мету й сенс життя?»

Цим запитанням присвячені цілі книжки. Тут ми коротко відповімо лише на деякі з них[12].

Чому Бог не зробить світ кращим?

Ось історія, в якій наводяться певні паралелі, що допоможуть вам відповісти на деякі серйозні запитання.

Якось у нашому будинку в Аргентині забилася одна з труб. Чиста вода надходила ззовні, а брудна мала по трубах виходити з дому, однак натомість вода з каналізації потекла в кімнату й на подвір'я. Це було так жахливо, що перший сантехнік, побачивши проблему, просто втік! Виявилося, хтось із сусідів змив в унітаз штани. Певна річ, вони застрягли там, бо труби дуже вузькі, а сама каналізаційна система досить примітивна. Можливо, подібно до штанів у трубі, є перешкоди, які не дають силі Божій текти в нашому житті в усій повноті. Іноді необхідно з'ясувати, що саме є такою перешкодою, і усунути її за допомогою відповідних молитов. Такі перепони можуть мати різні форми, серед яких наші гріхи, гріхи інших людей, втручання демонів, невігластво й неправильне розуміння того, Ким є Бог і чого Він хоче для нас.

Одним із найбільших дарів, який Господь дав людям, є здатність робити вибір та ухвалювати рішення самостійно. Іноді наш вибір завдає болю або створює проблеми іншим людям. У наведеній історії хтось безвідповідально, егоїстично вирішив позбутися старого одягу так, як йому заманулося, унаслідок чого постраждали ми. Щоби по-

---

[12] Якщо вам потрібно більше інформації з цієї теми, ми рекомендуємо служіння Дерека Прінса (derekprince.org) і служіння Ендрю Воммака (awmi.net).

класти край стражданням і несправедливості у світі, Богові довелося б постійно втручатися та змінювати рішення людей. Учиняючи так, Він вельми успішно перетворив би нас на роботів, нездатних до повноцінних стосунків із Ним.

Окрім того, що страждання є наслідками людського вибору й рішень, Біблія показує, що деякі з них пов'язані з гріхопадінням людства. Одного разу Бог знову зробить усе досконалим, і тоді страждання зникнуть. А поки що з нами можуть траплятися речі, яких Господь не обов'язково хотів для цього світу. Люди й тварини вмирають, природні катаклізми забирають безліч життів і змінюють вигляд землі. Усе, що ми можемо робити, — це плакати з тими, хто плаче.

Нарешті, діти мають знати, що наш ворог не сидить склавши руки. Сатана щосили намагається зіпсувати нам життя й запхати в наші труби «джинси» всіх фасонів і розмірів, щоб замість свіжої води ми отримували смердючі нечистоти. Ми розглянемо його роль далі в цьому розділі.

Головні істини:

- Бог любить мене. Він віддав за мене Своє життя (див.: До Галатів 2:20).

- Господь благий, і все добре приходить від Нього (див.: Якова 1:17).

- Ми маємо вибір робити те, що завдає болю нам самим та іншим людям (див.: До Галатів 5:13).

- Настане день, коли Бог знову зробить усе правильним і справедливим (див.: Об'явлення 21:4).

- Якщо ми любимо Бога, то можемо очікувати, що Він оберне на благо все погане, що відбувається з нами зараз (див.: До Римлян 8:28).

Інтелектуальні та практичні запитання

Двоє наших синів у початковій школі під час роботи над проєктом про динозаврів вивчали теорію еволюції. Ми говорили їм, що небеса й землю створив Бог, тож після почутого в школі в них виникли запитання: «Чи означають слова вчителя, що я більше не можу вірити Богові та Біблії?» Деніел приділив достатньо часу, щоб обговорити й дослідити з хлопчиками ці питання. У наслідку вони виросли інтелектуально й духовно. Замість того щоб зазнати катастрофи, вони почали розвивати й зміцнювати свою віру у Творця, Бога сили.

Не варто боятися говорити про сумніви та розв'язувати складні інтелектуальні питання зі своїми дітьми. Бог справляється з нашими запитаннями й сумнівами — і ви теж можете навчитися цього! Якщо ви не знаєте відповіді на запитання, просто скажіть: «Гарне запитання. А знаєш, я не маю відповіді. Але спробую дізнатися. Я пошукаю інформацію, і ми поговоримо про це ще раз». Обов'язково пошукайте відповідь і поверніться до розмови на цю тему якнайшвидше.

Дітям також треба розвивати віру, яка не лише дасть їм відповіді на інтелектуальні та емоційні запитання, а є ще й застосовною на практичному рівні в кожній сфері їхнього життя. Знайдіть час, щоби поговорити з ними про віру й науку, спосіб життя, розваги, гроші, сексуальність, політику тощо. Навчіть їх цінностей Божого серця, того, як дотримуватися їх у кожній сфері свого життя. Допоможіть дітям зрозуміти свої дари й визначити цілі в житті, даючи їм можливість спробувати щось нове та знайти заняття, де вони можуть застосовувати свої таланти.

Віра на противагу релігії

Деякі церкви формують релігію, породжують сумніви й страх. Наприклад, друг нашого сина дуже цікавився Ісусом, а в церкві хлопчикові сказали, що Біблія сповнена суперечностей. Він знав, що ми віримо Біблії, і запитав нашої думки. Ми чудово поговорили й пояснили, чому Писанню можна довіряти і як воно допомагає нам жити повноцінним життям сьогодні.

Докладіть максимум зусиль для того, щоб стати частиною помісної церкви, яка проповідує Слово Боже, наповнена Духом і збудовує віру незалежно від деномінації. Але навіть якщо ви вже відвідуєте таку церкву, пам'ятайте, що вашій дитині однаково може знадобитися допомога в осмисленні всієї інформації, яку вона чує й бачить, адже церкви недосконалі! Будьте пильними, проте не контролюйте. Розмовляйте зі своїми дітьми про те, що вони вивчають у недільній школі чи в молодіжній групі. Пам'ятайте, що саме ми, батьки, а не пастор чи дитячий служитель, відповідальні за духовне виховання своїх дітей.

Важливість надприродного

Зазвичай у дітей менше проблем з вірою в чудеса й молитвою про них, ніж у дорослих. Діти часто бачать щось у духовному світі й сприймають це як само собою зрозуміле. Якось, коли нашому молодшому синові було п'ять років, Естер, як звичайно, прийшла до нього поговорити перед сном, і Пітер ніби мимохідь згадав, що бачив, як у кімнаті літав ангел. Він сказав, що дуже зрадів, адже зрозумів, що Господь завжди наглядає за ним. Ми віримо, що наш син справді бачить духовний світ і в буквальному сенсі бачив ангела, коли йому особливо треба було відчувати Божу турботу.

Коли дорослі заперечують невидимий світ і надприродний вимір Царства Небесного (наприклад, чудеса) або пояснюють, чому таке неможливе, діти можуть зацікавитися окультизмом, оскільки паранормальні явища апелюють до духовного виміру їхнього єства. Однак окультизм відкриває для дітей невидимий демонічний світ[13].

Поясніть дитині, що окрім світу, який ми бачимо, існує світ, який вона не може побачити. Невидиме духовне царство. Воно складається з Царства Світла, де шанують Бога й підкоряються Йому, і царства темряви, в якому підкоряються сатані. Ці два царства постійно конфліктують між собою. Ця битва триває, хоча її результат уже відомий. Бог переміг! Сатана і його демони вже переможені хрестом Ісуса (див.: До Колосян 2:15); але вони докладають усіх зусиль, щоб обдурювати людей і спокушувати їх чинити зло, руйнуючи свої життя й життя інших (див.: Об'явлення 12:9).

---

[13] Щоб отримати більше інформації, див. розділ Д.

Дітям необхідно мати бодай базове уявлення про ці духовні світи, щоб розбиратися як із питаннями у фізичному світі, так і з демонічними атаками на їхню віру. Також їм треба знати й розуміти, що вони є дітьми Божими, наділеними дивовижною владою й силою, яку вони можуть застосовувати, щоби перемагати ворога у своєму житті та звершувати працю Христа (див.: До Ефесян 1:19-20).

Коли ваші діти на власному досвіді переживатимуть перемогу й надприродну Божу силу, яка працює в них і через них, їхня віра й довір'я до Господа зміцнюватимуться. Ми побачили це, коли нашому синові Самуїлу було одинадцять років. Він отримав травму паху, яку Бог дивовижним чином зцілив на дитячому зібранні в домі його друга. Пізніше того вечора син сказав: «Іноді я запитував себе, а чи справді Бог існує? А тепер знаю, що Він точно є, бо я пережив Його силу у своєму тілі. Господь зцілив мене. До цього я не міг нормально підняти ногу, а тепер можу!»

Пауза для роздумів

Як ви вважаєте, ваша дитина має сумніви або складнощі з довірою до Бога?

Який вплив, події чи люди могли похитнути її віру та довір'я до Нього?

СТВОРЕННЯ В СІМ'Ї АТМОСФЕРИ ЗЦІЛЕННЯ

Кроки до того, щоби прийняти свою роль і задавати тон

Дім, що зцілює, — це місце, де кожен член сім'ї відчуває, що його люблять, цінують, що він може без побоювання поділитися своїми проблемами, показати свої слабкості, розповісти про помилки. Можливо, знадобиться час і зусилля, щоб змінити атмосферу й стосунки у вашому домі, проте ніколи не пізно почати. Нижче ми наводимо десять кроків, які допоможуть вам рухатися в правильному напрямку.

1. Прийміть христоцентричну культуру

Культура сім'ї — це сукупність переконань і поглядів, поведінки та минулого досвіду, який кожен із батьків приносить у дім. Ми християни, тому культура нашого дому має підпорядковуватися біблійним цінностям, настановам та істині й змінюватися за допомогою них. Коли таке відбувається, наші життя приходять у відповідність до місії Христа (див.: Луки 4:18), а наш дім стає місцем зцілення, звільнення й трансформації.

2. Дозвольте Богові діяти всередині вас

Ми повністю присвятили себе створенню дому, що зцілює, бо молитви про зцілення та звільнення здійснили переворот у наших власних життях. У Другому посланні до Коринтян 1:4 сказано, що ми можемо втішати інших тією втіхою, якою Бог утішив нас самих. Іншими словами, ми не можемо передати дітям те, чого самі не отримали від Господа. Багатьом батькам важко розрадити своїх дітей, бо в їхніх серцях досі живе біль.

Подумайте:
а. Чи прийняв я Божу розраду у своє життя?
б. Чи впевнений я в любові Господа до мене? Чи люблю я себе?
в. Чи дозволяю я собі мати проблеми й помилятися?

У попередньому розділі ми запропонували чесно поглянути на своє життя й дозволити Богові показати вам ті сфери вашого життя, які потребують Його зцілювального дотику або виправлення. Коли Господь працює у вашому житті, зростає ваша здатність ефективно задовольняти потреби ваших дітей. Набуваючи більше впевненості й авторитету, ви зможете розрізняти атаки зла й протистояти їм у своєму житті та в житті вашої дитини.

3. Прийміть батьківство / материнство

Якщо ви зосереджуєтеся на вихованні дітей (навичках і процесах, потрібних для їхнього розвитку), а не на батьківстві (на тому, що ви — батько / мати), то почуватиметеся невпевнено. Наприклад, якщо ви зосереджені на вихованні дітей і бачите, що у вашої дитини виникла проблема, ви постараєтеся знайти правильне розв'язання або стратегію. Однак якщо ваша відправна точка — батьківство, ви будете впевнені, що розв'язання з'являться з ваших стосунків із Богом і вашою дитиною.

Ми можемо прийняти батьківство, бо таким є задум Бога, а не наш. Він — досконалий Небесний Отець. Розуміння батьківського серця Бога є основоположним як для стосунків із Ним, так і для стосунків із дитиною. Унікальні взаємини «тато / мама — дитина» зародилися в серці Бога, тому ваша дитина потребує стосунків із вами. Зрештою, хто ще може знати її так глибоко, любити так беззастережно й так самовіддано захищати? Методи й стратегії тут не допоможуть.

4. Визначте пріоритети й притримуйтеся їх

Багатьма дітьми сьогодні «жонглюють», щоб вони якось уписалися в життя батьків. А скільки ще дітей почуваються м'ячем, який дорослі кидають одне одному, а дитина тим часом намагається зрозуміти світ і знайти сенс життя, гадаючи, чи помічає її взагалі хтось, чи хвилює когось біль, який роздирає її зсередини? Якщо ви не направляєте й не підтримуєте свою дитину, найімовірніше, вона почне шукати допомогу деінде або ніде. Якщо ваш підліток не розмовляє з вами, цілком імовірно, що він не стане розмовляти ні з ким. А це вже стан глибокої самотності[14]. Ось слова шістнадцятирічного підлітка зі Швейцарії:

> «Декотрі мої друзі переживають великі проблеми, такі як розлучення батьків і депресію, але ми рідко ділимося чимось серйозним. Ніхто з нас не хоче втратити обличчя чи проявити слабкість. Якби я вчинив так, то ніколи не змирився б із цим. Безпечніше просто вдавати, що все добре, і постити в Інстаграмі фотки з поїздок і свят».

Тому регулярно перевіряйте пріоритети й дотримуйтеся їх. Остерігайтеся того, що віддаляє вас від дітей, особливо в критичні моменти життя. Це може бути робота, служіння, інші люди або речі. Постановіть собі, що вашим пріоритетом є діти, і дотримуй-

---

[14] Доктор Гордон Ньюфілд дійшов такого висновку, спираючись на свій величезний досвід як психолога з розвитку. Щоб дізнатися більше, прочитайте його книжку *Hold onto your kids: Why parents need to matter morethan peers.*

теся його, навіть якщо для цього вам доведеться змінити роботу, церкву чи просто відмовитися від якогось проєкту чи свого хобі, щоби більше часу бувати вдома.

5. Подаруйте дитині достатньо часу

Хай там що кажуть люди, але якість і кількість проведеного разом часу — не одне й те саме. Просто бути поруч може означати більше, ніж вам здається. За кожної можливості намагайтеся більше часу проводити з дитиною і менше часу приділяти якимсь іншим справам.

Зазвичай дитина бачить різницю між батьками, які не можуть приділяти їй більше часу, і батьками, які не хочуть цього робити. Якщо на цей момент у вас немає іншого виходу й ви покладаєтеся на якість проведеного разом часу, а не на його кількість, скажіть своїй дитині, що ви хотіли б частіше бути разом, якби дозволяли обставини. Скажіть їй, що ви думаєте про неї і молитеся за неї протягом дня.

6. Розставляйте пріоритети в спілкуванні

Щоб час спілкування з дітьми в нашому сучасному напруженому світі був ефективним, потрібні навички, уміння та рішучість. Але гарне спілкування — вербальне й невербальне — є ключем до створення дому, що зцілює. Як інакше ми можемо сподіватися зрозуміти, що намагається сказати дитина, якщо не спілкуємося з нею? Це настільки важливий крок до створення дому, що зцілює, що ми долучили деякі ідеї щодо поліпшення спілкування до розділу «Додаткові матеріали».

7. Зустріньтеся з проблемами віч-на-віч

Ми всі переживаємо біль і труднощі. Ми грішимо й стаємо мішенню для демонічних атак. Що раніше ми зрозуміємо це, то швидше навчимося розбиратися з такими речами так, як нас того вчить Бог. Коли в домі розвивається культура зцілення та звільнення, на поверхню починають виходити різні проблеми. У багатьох людей цей процес викликає почуття дискомфорту й страху, але подивитися правді в очі — це перший крок до зцілення й свободи. Укладіть свою руку в руку Божу й довіряйте Йому — Він допоможе вам чесно та сміливо розібратися з проблемами.

Незгоди й конфлікти також є частиною нашого життя. Не має жодної родини, де панувало би постійне взаєморозуміння з усіх питань. Проте діти мають знати, що їхній голос чують, а думку цінують, навіть якщо вони не завжди розуміють ваші рішення або мають щодо них власну думку. Ваше спілкування має відбуватися у відкритій і шанобливій манері. Можливо, вам знадобляться час, терпіння й міцні нерви, щоб обговорити щось із дитиною і досягти миру одне з одним, проте воно того варте.

8. Створіть безпечний осередок

Більшість великих церков мають малі (або домашні) групи, бо люди можуть загубитися в натовпі. Сім'я — це найкраща форма домашньої групи. Ви є лідером у своїй сім'ї, і ваше завдання — створити безпечний осередок для своєї дитини, де вона може успішно розвиватися та зростати духовно.

Безпечний осередок дає дитині можливість:
- Чути, читати й відкрито обговорювати Слово Боже.
- Перебувати в спокої в присутності Творця, проводити тихий час із Богом, роздумувати й аналізувати.
- Ділитися тим, що Господь робить у її житті.
- Говорити про те, як Бог використовує її, щоб допомагати іншим.
- Говорити про будь-які труднощі чи проблеми, які вона, можливо, має зараз.
- Молитися за зцілення й свободу одне за одного.
- Молитися заступницькою молитвою за інших людей поза межами вашої групи.

Основні правила (наші поради):

- Жодна ситуація не є надто незначною чи безглуздою, щоб не можна було про неї поговорити, якщо комусь це потрібно.
- Коли хтось говорить, ми уважно слухаємо.
- Ми не виносимо почуте за межі групи.

9. Станьте на шлях зцілення й свободи

Діти можуть приходити додому пригнічені тим, що вони побачили, почули або пережили. Наприклад, чиясь злісна витівка в школі, сварка з другом, невдало складений іспит, нещасний випадок, який вони побачили дорогою додому. Або ж вони можуть просто бути нещасними й самотніми. Виробіть звичку допомагати дітям розбиратися з проблемами й ситуаціями, якими вони діляться з вами, застосовуючи молитви про зцілення та звільнення, викладені в наступних розділах. Можна робити це неформально, під час полуденку після школи, або спеціально виділяючи час, щоби поговорити й помолитися на глибшому рівні.

Поясніть дитині, що Бог цікавиться нашим повсякденним життям, Йому не байдуже до наших проблем і прикрощів. Заохочуйте її відразу ж приносити Господу всі свої тривоги. Коли ваша дитина відчуває, що Бог зустрічається з нею і торкається її особисто в щоденних ситуаціях, її стосунки з Творцем поступово зміцнюватимуться. Згодом розв'язання проблем із Божою допомогою стане для дитини звичною справою.

10. Створюйте атмосферу для глибинного зцілення

Розпізнавайте сигнали. Можливо, ваша дитина сильно страждає на глибшому рівні. Довіряйте своїй інтуїції та загальному враженню. Переконайтеся, що ваша дитина знає: ви піклуєтеся про неї, і вона може звернутися до вас по допомогу. Створіть атмосферу, яка допоможе виявити, що турбує вашу дитину, і запевніть, що любите її, хай що з нею відбувається.

Трапляються ситуації, які потребують часу й молитов. Регулярно приділяйте цьому час (заплануйте у своєму щоденнику). Ставтеся до розмови зі своєю дитиною так само сумлінно й відповідально, як і до ділових зустрічей і нарад на роботі. Коли ви визначите корінь проблеми, помоліться молитвами про зцілення та звільнення, щоб розібратися з ним. Так і далі підтримуйте дитину, аж поки вона подолає проблему й зможе рухатися вперед.

Пауза для роздумів

Якою була атмосфера дому, де ви зростали?

Яким чином ваш дім уже сьогодні є домом зцілення?

На яких кроках вам варто зосередитися, щоб створити культуру зцілення у своїй сім'ї?

СИЛА БОЖОГО СЛОВА

Використання біблійних історій та розповідей про Бога для розв'язання проблем

Наші батьки любили Слово Боже й будували своє життя на його вченні. У дитинстві ми бачили, як вони читають і вивчають Писання. Ми говорили про нього вдома. Це була жива, активна частина нашого дитинства.

Також ми обоє змалечку завчали вірші напам'ять і зауважили, що вони зринали в пам'яті в потрібні моменти! Тож не дивно, що ми з нетерпінням чекали наступного такого моменту. Це також підштовхнуло нас до самостійного читання Біблії та молитовного життя, коли ми подорослішали.

Незалежно від того, чи знаєте ви Святе Письмо достатньо добре, чи лише на крок випереджаєте свою дитину, не втратьте можливість навчати й допомагати їй заучувати напам'ять вірші з Біблії. Так ви закладете неймовірно міцний і благодатний фундамент у її житті!

Боже Слово має силу зцілювати й звільняти

Що такого особливого в Біблії? Хіба не можна прочитати будь-яку іншу книжку з історіями? На відміну від інших літературних жанрів Писання є богонатхненою Книгою, що містить вічні істини, які промовляють до читачів і служать їхнім особистим потребам, з роду в рід і в будь-якій культурі (див.: 2 до Тимофія 3:16).

Біблія аж ніяк не нудна й не застаріла Книга; навпаки, вона цікава й актуальна для дітей. Нашому старшому синові було п'ятнадцять, коли він висловив це так: «Біблія дивовижна! У кожній історії завжди відкривається щось нове — навіть у тій, яку я вже читав багато разів. Жодна інша книжка не схожа на неї. Так круто!»

Не можна недооцінювати силу Слова Божого та його здатність торкатися серця дитини. Дітям треба чути Писання й приділяти йому час, щоб воно працювало в їхніх серцях. Це важлива частина підготовки дітей до зцілення та звільнення.

Біблія — це Слово, яке…

> *…живе й діяльне, гостріше від усякого двосічного меча: воно проникає аж до поділу душі й духа, суглобів і мозку кісток…*
>
> До Євреїв 4:12

Бог обіцяє, що воно впливатиме на нас:

> *…саме так буває з Моїм словом, яке виходить з Моїх уст, — воно до Мене не повертається порожнім, але виконує Мою волю, звершуючи те, заради чого Я його послав.*
>
> Ісаї 55:11

Біблійні історії

Чоловіки й жінки в Біблії багато в чому схожі на нас! Можливо, вони носили інший одяг і розмовляли іншою мовою, але вони стикалися з такими самими проблемами: їх кривдили, вони грішили й потерпали від демонічних атак. Вони були самотніми, наляканими, бунтували й боролися з негативними реакціями, як-от заздрість і ненависть. Одні успішно справилися з проблемами й стали прикладом;

другі — ні, а тому є для нас застереженням. Більшість дітей люблять історії, тому біблійні оповіді — чудовий спосіб допомогти їм розібратися з певними проблемами в їхньому житті.

Є багато цікавих і креативних способів допомогти вашій дитині краще познайомитися зі Словом Божим і полюбити його. Окрім величезної кількості ілюстрованих Біблій для різних вікових груп, є додатки, плани читання, мультфільми та фільми, створені за сюжетами з Писання. А як чудово разом малювати, моделювати й фотографувати ваші улюблені біблійні оповіді! Нижче наведено таблицю з прикладами історій із Божого Слова, на яких ви можете зосередитися в певних ситуаціях.

Історії про Бога у вашому житті

Коли Господь робить щось у вашому житті, поділіться цим з іншими членами родини. Це може бути будь-що: від загублених ключів, які ви знайшли після молитви, до головного болю, що минув після того, як ви помолилися, а також підтвердженими чудесами, про що ви чули від інших християн. Візьміть собі за звичку ділитися цими історіями одне з одним регулярно перед сном або за обідом чи вечерею. Це створить у вашому домі атмосферу віри, а також очікування того, що Бог Біблії може й хоче творити чудеса у вашому житті й житті тих, хто вас оточує!

Біблійні історії про поширені проблеми

Історія	Місце Писання	Проблема	Істина
Давид і Голіаф	1 Самуїла 17:1-52	Страх	Бог допомагає подолати велетнів страху в нашому житті.
Давид і Мефівошет	2 Самуїла 9:1-12	Відкинення	Бог любить і приймає нас. Ми можемо бути з Ним завжди.

Історія	Місце Писання	Проблема	Істина
Закхей	Луки 19:1-10	Відшкодування збитків	Бог прощає нам і допомагає нам усе виправити.
Рут	Рут 1-4	Втрата історичного коріння, смерть близької людини	Ми можемо належати до народу Божого. З Божою допомогою ми можемо знову бути щасливими.
Гедеон	Суддів 6-7 (особливо 6:12, 15-16)	Неповноцінність; домінування; сила негативних слів	Бог бачить нас. Ми — сильні воїни.
Йосип	Буття 37; 39-47:12	Проблеми в сім'ї, події, що травмують	На нашому житті Божа рука. Він з нами, тому все сприятиме нам на добре.
Саул	1 Самуїла 13:1-15; 15:1-34	Бунт	Бог хоче, щоб ми були слухняними Йому у своїх серцях і вчинках.
Естер	Естер 1-10	Доля, страх	Бог має мету для нашого життя. Він дає нам відвагу в кожній ситуації.
Ісус Христос	Івана 19	Наруга, несправедливе поводження, неправдиві звинувачення, зрада	Ісуса кривдили й несправедливо вчинили з Ним. Він страждав і розуміє наш біль. Христос узяв його на Себе на хресті, щоб ми отримали звільнення і зцілення.
Раб, який не простив	Матвія 18:23-35	Прощення	Ми пробачаємо іншим так само, як Бог простив нам.
Петро	Івана 18:15-18, 25-27; 21:15-19	Поразка, помилка, ганьба	Коли ми припускаємося помилки чи зазнаємо поразки, то можемо прийти до Ісуса. Він забирає нашу провину й ганьбу. Він використовує нас, щоб допомогти іншим людям.

Вигадані й біографічні історії

І дорослим і дітям подобається читати або розповідати історії. Чому б не використати розповіді, що підходять до ситуації вашої дитини, як трамплін до початку розмови й помолитися з нею про те, що відбувається.

Старші діти люблять реальні історії, які розширюють їхні географічні та історичні горизонти. Ось три приклади добре відомих історій.

У дитинстві **Емі Кармайкл** (1867—1951) ненавиділа свої карі очі й просила Бога зробити їх блакитними. Дівчина розчарувалася, коли не отримала відповіді на свої молитви! Пізніше, працюючи місіонеркою в Індії, вона зрозуміла, що карі очі допомогли їй розчинитися в місцевому середовищі. Бог створив її досконалою для роботи, яку Він для неї запланував.

Після того як її сім'ю викрили в переховуванні євреїв під час Другої світової війни, **Коррі Тен Боом** (1892—1983) потрапила до концтабору, де її сестра померла, а сама Коррі зазнала невимовно жорстоких знущань. Несподівано, через багато років, вона зустрілася з одним зі своїх наглядачів і змогла йому пробачити.

Ерік Лідделл (1902—1945) був учасником Олімпійських ігор у Парижі. Однак він не вийшов на старт на свою коронну дистанцію сто метрів, бо змагання призначили на неділю. Ерік відмовився бігти в день Господній, через що наразився на глузування та пресинг. Твердо дотримуючись своїх переконань, він пропустив стометрівку, але вийшов на дистанцію чотириста метрів і здивував усіх, здобувши золоту медаль!

Пауза для роздумів

Як добре ви знаєте Слово Боже? Чи знаходите ви час, щоб читати й вивчати його щодня?

Яка біблійна історія могла би допомогти вашій дитині подолати проблему, з якою вона бореться?

Чи є якась біографічна історія або сучасна історія про Бога, яка
могла б допомогти дитині в цій сфері?

Інструменти
для емоційного
зцілення

ІНСТРУМЕНТИ ДЛЯ ЕМОЦІЙНОГО ЗЦІЛЕННЯ

ДОПОМАГАЄМО ДІТЯМ СПРАВЛЯТИСЯ З БОЛЕМ

Розбираючись з образами та ранами тепер, ми уникаємо проблем у майбутньому

Хай як старанно ви намагаєтеся захистити свою дитину, її все одно скривдять. У якийсь момент. Хтось або щось. Навіть найвідданіші батьки не можуть перебувати поруч із дитиною постійно. І хоча не завжди можна захистити своє чадо від болю та образи, а тим паче взяти на себе його біль і страждати замість нього, гарна новина полягає в тому, що дещо ви можете зробити. Ви можете навчити дітей ефективно справлятися з болем — великим і маленьким, — допомагаючи їм бути на зв'язку з Тим, Хто здатен зробити це. Його ім'я — Ісус Христос, Спаситель світу!

Біблія каже, що Ісус узяв на Себе наші недуги та страждання, і Його ранами ми зцілені (див.: Ісаї 53:4-5). Бог знав, що ви не зможете прийняти кожну кулю, спрямовану у вашу дитину, або страждати замість неї, тому зробив це за вас. Висячи на хресті, Христос забрав усякий біль і смуток, з якими коли-небудь зіткнеться ваша дитина. Смерть і воскресіння Сина Божого означають, що дітям не потрібно жити з болем і образою або страждати від їхніх наслідків до кінця своїх днів. На хресті мир, спокій, розрада й цілісність здатні замінити їхній біль.

Лікуйте емоційні рани й уникайте інфікування

Образи й біль схожі на рани, які потрібно лікувати, щоб вони загоїлися належним чином. Навіть найнезначніша подряпина може призвести до ускладнень, якщо всередину потрапить інфекція. Ось чому ми дезінфікуємо рани й спостерігаємо за порізами та подряпинами в дітей.

Так само емоційні рани для якнайшвидшого загоєння потребують духовного очищення та перев'язок. Якщо їх залишити необробленими й не лікувати, вони можуть духовно інфікуватися, наприклад, руйнівними реакціями, як-от непрощення, гіркота й відкинення. Якщо такі емоції підживлювати, вони породжуватимуть нездорові думки й демонічні твердині, які, своєю чергою, спонукатимуть до неправильного вибору та руйнівної поведінки.

Приклад того, як розбиратися зі щоденними образами й болем

Якось семирічний Ной прийшов зі школи додому. Він видавався принишклим і трохи сумним. Мама дала йому чаю і, розуміючи, що із сином не все гаразд, поцікавилася, як минув день і як поживає його найкращий друг Джо. Жінка з подивом дізналася, що тепер Ной ненавидів приятеля.

— Чому ти ненавидиш його? — запитала вона.

— Він кепкував з мене. Він каже, що в мене великі ноги й великі вуха. Інші діти теж так уважають.

— Звідки ти знаєш, що інші діти теж так уважають?

— Бо вони також глузували з мене.

Ной заплакав. Мама обійняла його й стала втішати. Коли

хлопчик заспокоївся, вона подивилася йому в очі й сказала:

— А знаєш, не має значення, що хтось думає про твої ноги, вуха чи ще про щось. Ти мені подобаєшся саме таким. Я люблю тебе! І знаєш що? Бог теж тебе любить! Усі діти різні: одні високі, другі низенькі, хтось уміє швидко бігати, хтось — ні; комусь легко дається математика, комусь — ні. У кожного є щось, над чим інші можуть сміятися, якщо їм хочеться. Люди бувають недобрими — навіть наші найкращі друзі. Коли таке відбувається, це жахливо й завдає нам болю. Однак Бог знає, як це, коли люди недоброзичливі до нас. Тому що Ісусові теж говорили огидні речі. Навіть Його найкращі друзі втекли від Нього! А тепер поговорімо з Ним про те, що Джо та інші діти сказали тобі[15].

Зауважте, мама Ноя не применшувала його почуттів, говорячи синові викинути те, що трапилося, з голови. Також вона не сказала, що йому треба бути сильнішим і жорсткішим, і, звичайно ж, не проігнорувала цієї проблеми. Ноєва мама знала, що так само, як необхідно ретельно промити й продезінфікувати коліно хлопчика, якби він його подряпав, поверхню емоційної рани потрібно швидко обробити й полікувати. Тому вона приділила час розмові із сином і запропонувала помолитися за його день.

Розбираючись із болем відразу — навіть незначним, — ми зможемо уникнути проблем у майбутньому. У випадку з Ноєм вони могли набути однієї з таких форм:

- Відкинення себе: «Усі мене ненавидять. Мабуть, зі мною дійсно щось не так. Я ненавиджу себе!»
- Агресія: «Якщо мене всі ненавидять, то я поводитимусь так, що в них з'явиться причина для ненависті».
- Відсторонення: «Якщо навіть мій найкращий друг сміється з мене, то краще зовсім не мати друзів. Кому взагалі потрібні друзі?!»

---

[15] Продовження прикладу ви прочитаєте наприкінці наступного розділу.

Це справді так просто?

Невже розібратися з болем і образою аж так просто? Ось так узяти й поговорити з дитиною про болючу ситуацію під час полуденку після школи та запропонувати їй принести свій біль у молитві до Ісуса? Із власного досвіду можемо сказати «так»! Але якщо образа глибша, або виявляється задавненою, або вже духовно інфікована, для лікування вам, можливо, знадобиться комбінація молитов за зцілення та звільнення як частина процесу зцілення, що потребує певного періоду часу.

Хай що знадобиться, пам'ятайте: допомагаючи дитині впоратися з болем і образою, ви виховуєте й формуєте її *характер*, який допоможе їй уникнути болю та страждань, що їх можуть викликати в майбутньому духовно інфіковані емоційні рани.

Пауза для роздумів

Чи знайома вам думка про те, що емоційні рани потрібно лікувати, щоб уникнути духовного інфікування?

Подякуйте Ісусові за те, що Він забрав біль та образи вашої дитини на хрест і що ранами Його вона зцілена (див.: Ісаї 53:4-5).

ЯК ПРОЩАТИ
І СПРАВЛЯТИСЯ З БОЛЕМ

Молитви про звільнення від болю / образи

Багато душевних ран дитини можна зцілити за допомогою трьох простих кроків. Молитви про зцілення від болю діють, адже вони ґрунтуються на вічній істині. Ви можете просто молитися трьома молитвами, які ми наводимо нижче, і вірити, що Господь почує вас і доторкнеться до вашої дитини. Тут ми детальніше розглянемо кожен крок, який допоможе вам упевнено вести свою дитину в цих молитвах, навіть коли вона дорослішає й ставить складніші запитання.

Застосовуючи наведені нижче молитви, покладайтеся на провід Святого Духа. Він із вами й працюватиме через вас, щоб зцілити вашу дитину. Не забувайте трохи змінювати слова, адаптуючи їх до віку дитини та ваших обставин.

МОЛИТВИ ПРО ЗВІЛЬНЕННЯ ВІД БОЛЮ / ОБРАЗИ

1. Розкажи Ісусу, що тобі болить або чому тобі сумно.

2. Попроси Ісуса зцілити твій біль і полегшити твій стан (під час молитви поклади руку на серце).

3. Прости людину, яка скривдила тебе. (Стисни кулак. Потім розтисни й скажи: «Я прощаю тебе».)

Ти можеш сказати…

1. **«Розумієш, Ісусе,** мені боляче, бо _________».

2. **«Господи Ісусе, будь ласка,** зціли моє серце».

3. **«Я прощаю _____** за те, що вони зробили / сказали мені».

«Ісусе, дякую, що зцілюєш мене від болю!»

Крок 1. Розкажи Ісусу, що тобі болить або чому тобі сумно.

Дуже важливо дозволяти дітям висловлювати справжні почуття, коли їм боляче. Ви можете сказати їм, що цар Давид, найзнаменитіший в історії автор пісень, завжди розповідав Богові про свої почуття, коли йому було боляче, прикро або сумно[16]. Він виливав Господу душу й просив допомогти, утішити, захистити, а потім дякував Йому за милість.

До того як стати царем, Давид співав своїх пісень і виконував іншу роботу в палаці для царя Саула. Цього чоловіка не цікавили близькі стосунки з Богом, він не прагнув стати Його другом. Саула цікавили влада й любов людей. Тому він нечасто розмовляв із Господом сам, а просив про це інших, наприклад пророків, розмовляти з Творцем за нього.

Коли Саул зрозумів, що людям більше подобається Давид, він дуже засмутився й розсердився, але не розповів Богові, що йому

---

[16] У Біблії, у Книзі Псалмів, можна прочитати слова багатьох пісень Давида.

боляче й заздрісно, не попросив про допомогу. Він тримав усе в собі й із кожним днем розлючувався дедалі більше. Зрештою він так розлютився, що не міг більше тверезо мислити й навіть намагався вбити Давида.

Крок 2. Попроси Ісуса зцілити тебе від болю й полегшити твій стан.

Поясніть дитині, що Ісуса теж кривдили. Його відкидали, Його зневажали, з Нього глузували. Це засмучувало Христа й завдавало болю. Коли Його збичували й потім убили на хресті, Він пережив жахливий фізичний біль. Біблія говорить, що завдяки цьому Ісус може зцілити нас:

> *Він був зневажений і відкинутий людьми… Але ж Він поніс на Собі наші недуги, взяв на Себе наші страждання… Його ранами ми оздоровлені.*
>
> Ісаї 53:3-5

Деяким дітям може допомогти, якщо вони уявлятимуть, як сидять на колінах у Ісуса або стоять поруч із Ним і кажуть: «Господи Ісусе, Тебе кривдили інші люди. Ти поніс мій біль і взяв його на хрест. Зараз я віддаю Тобі свій біль. Будь ласка, зціли мене від нього».

Іноді діти справді відчувають фізичний біль у серці, коли моляться. Так виходить емоційний біль. Вони можуть покласти руку на те місце, де відчувають його, і сказати: «Господи Ісусе, будь ласка, забери мій біль». Будьте уважними й не квапте дітей, дайте час Ісусу зцілити їх.

Крок 3. Прости людині, яка скривдила тебе.

Зі свого досвіду ми помітили, що маленькі діти прощають швидко й охоче, а в дітей старшого віку з цим виникають проблеми. У такому разі ви можете помолитися Господньою молитвою: «*І прости нам провини наші, як і ми прощаємо винуватцям нашим*» (Матвія 6:12). Поясніть, що прощення звільняє нас від бажання помститися, адже помста ніколи не приносить нічого доброго.

У Євангелії від Матвія 18:21-35 прочитайте разом притчу про слугу, який не захотів пробачити. Цар уособлює Бога. Слуга, що не простив, — людину, яка не прощає іншим. Очікуйте, що Бог проговорить до вашої дитини в процесі читання й роздумування про колосальну суму боргу, яку цар пробачив своєму слузі, і незначний борг, який той не захотів простити іншому. Ви також можете поставити дитині запитання про те, що означає в'язниця.

Будь-яке непрощення відокремлює нас від Бога. Коли ми відмовляємося прощати, то поміщаємо себе у в'язницю, яку самі створили. Там нас мучать негативні емоції, тривоги й демонічні сили. Якщо ми хочемо отримати звільнення, нам потрібна Божа милість. Ми ніколи не зможемо сплатити борг своїми силами, це очевидно. Прощення — єдиний спосіб покласти край нашому ув'язненню.

Пам'ятайте: розуміння проблеми — важлива частина прощення. Не підштовхуйте дитину до фрази «я прощаю». Деяким дітям потрібна допомога в усвідомленні того, що з ними вчинили неправильно. Також, можливо, їм необхідно зрозуміти, як багато Бог пробачив їм[17].

Пам'ятайте: Ісус велів прощати сімдесят разів по сім (див.: Матвія 18:22). Можливо, Він сказав так, бо люди часто кривдять нас, або тому, що навіть коли ми ствердуємо, що пробачили, негативні думки й почуття до когось можуть повернутися знову.

І останнє. Іноді діти запитують, чи мусять вони піти й сказати людині, що вони їй пробачили. У деяких випадках поговорити з кривдником про болючу ситуацію і сказати, що йому пробачено, може бути корисно. Наприклад, якщо друзі побилися в школі. Однак нерідко обставини складаються так, що поговорити або немає можливості, або це не зовсім мудро. Дитина може бути надто вразливою, щоб упоратися з реакцією іншої людини, а слова про прощення інша людина може зрозуміти неправильно, і ситуація тільки погіршиться. Це особливо актуально, коли дитину скривдив один із батьків. Або коли дитина зазнала насильства. Ваш прі-

---

[17] Більш детально ми розглянемо, що таке гріх і непрощення, у частині Г.

оритет — безпека та зцілення дитини; не варто наражати її на додатковий біль.

Практичний спосіб відпустити біль / образу

Скористайтеся простими кроками, описаними нижче, які допоможуть дитині пробачити. Знайдіть важкий камінь і дайте дитині потримати його в кулаку.

Дорослий каже: «Відчуваєш, який важкий камінь? Уяви, що тобі доведеться носити його цілий день. Твої руки будуть зайняті, і ти не зможеш взяти жодної іграшки, а це так прикро! Тримати в собі образу — те саме, що тримати камінь. Твоє серце буде зайняте, а отже, ти не зможеш отримати Боже прощення й те хороше, що Він хоче дати тобі. А що, як ти випустиш із руки цей камінь? Коли кинеш його, скажи: "Я прощаю ______ (назвіть ім'я людини, яка скривдила дитину)"».

Дитина каже: «Я прощаю ______ (ім'я людини) за те, що він/вона зробив мені (називає вчинок)».

Допоможіть дитині безпечно позбутися каменя.

Ной (сім років) молиться про звільнення від болю

Ми познайомилися з Ноєм у попередньому розділі. Його мама помітила, що із сином щось не так, і поговорила з ним про це за чашкою чаю. Хлопчик поділився з нею своїм болем: найкращий друг Джо та інші діти в школі кепкували з нього й казали, що в нього великі вуха й ноги. Ми залишили маму й сина, коли вони зібралися молитися. Нижче наведено приклад того, якою може бути їхня молитва в цій ситуації; як можна використати молитву про звільнення від болю, щоб допомогти Ною віддати свій біль Ісусу й пробачити Джо, а також іншим дітям, якщо це те, чого хоче хлопчик.

Мама: «Хочеш розповісти Ісусу, що сталося сьогодні в школі і як ти почуваєшся через це?»

Ной: «Ісусе, я почуваюся кепсько, мене всі ненавидять. Сьогодні в школі всі поводилися зі мною жахливо. Навіть Джо. А мені здавалося, що він мій найкращий друг...»

Мама: «Ти можеш віддати цей біль Ісусу? Можеш покласти руку на серце та попросити Христа зцілити й забрати цей біль?»

Ной: «Господи Ісусе, будь ласка, зціли мене від цього болю й забери його».

Мама: «Ти можеш пробачити Джо та іншим дітям те, що вони жахливо поводилися й глузували з тебе?»

Ной: «Так, можу. Я прощаю Джо та іншим дітям те, що вони жахливо повелися й насміхалися з мене».

Мама: «Як ти почуваєшся зараз?»

РУЙНУЄМО СИЛУ НЕГАТИВНОЇ РЕАКЦІЇ

Скривджені діти кривдять інших дітей

Ми спостерігали, як діти приносять свій біль до Ісуса, застосовуючи молитви про звільнення від болю. Хоча в реальності це лише перший крок у ефективному зціленні болю. Наступний крок — розібратися з нашими реакціями на те, що нам сказали або як із нами вчинили, оскільки дуже часто наше ставлення до ситуації може завдати болю нам самим та іншим людям. Наприклад, ми можемо сказати злі, уїдливі слова, або почати ігнорувати, або ненавидіти когось, кого ми вважали своїм другом, або прийняти почуте й вирішити, що ми дурні, недостойні, нас неможливо любити, тому до нас так поставилися або так із нами вчинили.

На людському рівні ми можемо зрозуміти й навіть виправдати такі реакції на кривду, однак якщо діти триматимуться за них, то це спричинить ще більші проблеми. Водночас розібратися з нашими реакціями на ситуації та людей, які нас образили, — це все одно, що нанести дезінфекційний засіб на рану. Він убиває будь-які бактерії та дає змогу рані правильно загоїтися.

Том (вісім років)

Коли мати Тома прийшла до нас, вона була у відчаї. Її восьмирічний син став агресивним у школі та схильним до нападів люті вдома. Лежачи під нашим журнальним столиком, Том почав розповідати, як він злиться через те, що його найкращий друг виступив проти нього. Том хотів змусити його страждати!

Ми пояснили хлопчику, що Ісус розуміє його почуття, адже Христа теж покинули близькі друзі, Його учні. Але Син Божий велів нам прощати своїм ворогам і тим, хто вчинив із нами неправильно. Ми також пояснили Тому, що гнів підживлював його агресію. Саме він — а не його друг — матиме через це проблеми в школі! А отже, розумним вибором буде виконати вказівки Ісуса, пробачити приятелю й попросити пробачення за свій гнів і відпустити його.

Том дослухався до наших слів, він пробачив другові й віддав свій гнів Ісусові. Він також попросив Бога пробачити йому за те, що, відповідаючи на біль і образу агресивною поведінкою, він завдавав болю іншим, і мамі зокрема.

Беріть відповідальність за свою реакцію

Багато людей так і не можуть вийти за межі того, як із ними вчинили. Вони застрягають у менталітеті жертви й можуть мимоволі заохочувати інших, наприклад своїх дітей, до такого ж ставлення. Але це нікому не йде на користь. Якщо ми хочемо повністю розібратися з болем і рухатися далі, треба подивитися в очі своїм реакціям і розібратися з ними — цього нас учить Бог.

Багато негативних реакцій, які ранять інших людей, наведено в Біблії й названо «вчинками тіла». Богові вони не подобаються, бо йдуть урозріз із Його характером і є гріховними (див.: До Галатів 5:19). Такі вчинки отруюють наше життя й дають місце дияволу. Господь очікує, що ми будемо відповідальними за свою реакцію та спричинені нею дії і розберемося з цим ось так:

Усяке роздратування, гнів, лють, крик і зневага хай віддаляться від вас разом з усякою злобою. Будьте ж добрими один до одного, милосердними, прощаючи одне одному, як і Бог через Христа вам простив!

До Ефесян 4:31-32

Гніваючись, — не грішіть; сонце хай не заходить у вашому гніві, і не давайте місця дияволові.

До Ефесян 4:26-27

Уникайте ланцюгової реакції

Негативна реакція може призвести до цілого ланцюжка інших подібних реакцій. Але якщо ми розбираємося зі своєю реакцією, доволі часто нам вдається цього уникнути. Поміркуйте ось над такими прикладами.

Уявіть собі п'ятнадцятирічну Ванессу, яка сидить сама в кімнаті й не може повірити, що все закінчилося. Її кинув хлопець. Він написав есемеску… Він навіть не потрудився сказати їй про це особисто! Вона не може повірити в таке приниження, не кажучи вже про глибину болю. Дуже боляче. Ванесса по-справжньому кохала цього хлопця! Він був для неї єдиним, а тепер вона йому не потрібна!

Минають дні, і дівчина дедалі частіше думає про те, що проблема в ній — із нею щось не так. Вона доходить висновку: «Я товста й потворна. Якби я була струнка, як Джессіка, тоді Етан хотів би бути зі мною». Ванесса перестає їсти й починає бігати вранці. Вона помалу худне, і її самооцінка дещо підвищується. Але дівчина не задоволена, вона хоче бути ще стрункішою! Оскільки ідентичність і самооцінка Ванесси тісно пов'язані із зовнішнім виглядом, їй неймовірно важко прийняти й полюбити себе, а також правильно харчуватися.

А якби замість того, щоб дозволити Ванессі котитися вниз по спіралі болю й ненависті до себе, їй розповіли, як віддати Господу почуття відкинення та неприйняття себе й отримати розраду? Якби вона попросила Бога пробачити їй те, що почала ставитися до себе й свого тіла з відразою? Вона почула б, як Господь шепоче їй слова любові з Писання, наприклад: «*Я славлю Тебе за те, що Ти так дивовижно і пречудово створив мене…*» (Псалом 139:14). Вона зрозуміла б, що вчинок Етана ніяк не пов'язаний з її справжньою цінністю. Дуже важливо розібратися з такою ситуацією. Можливо, це не поверне хлопця, проте допоможе дівчині зцілитися й сформувати здорову самооцінку. Таку, яка ґрунтується на Божій любові до неї, а не на тому, як до неї ставляться інші, що є головною запорукою щасливого шлюбу в майбутньому.

Коли реакції пригнічуються

У Естебана, підлітка з Аргентини, сильно боліла спина й з'явилися незрозумілі болі в тілі. Одного разу він розповів Деніелу, як батько покарав його в дитинстві, обливши окропом. Описуючи той випадок, він не відчував жодних емоцій, лише зауважив, що, мабуть, він і справді зробив щось не так і заслужив покарання. Знадобилося багато часу, щоб Естебан зрозумів: хай що він або будь-яка інша дитина вчинили, *ніщо* не виправдовує таке покарання! Коли хлопець нарешті усвідомив це, то захотів розібратися не лише із самою травмою, а й зі своєю реакцією ненависті до батька, яку було пригнічено. Зробивши так, він звільнився від болю в тілі! Історія Естебана — приклад того, як діти знаходять різні способи, щоб упоратися з болем і образою.

Іноді потрібен час, щоби позбутися цих стратегій самодопомоги, щоб залікувати рани й розібратися з пригніченими реакціями. Можливо, ви виробили свій план дій у подоланні болю залежно від вашого виховання. А ваші діти могли запозичити вашу стратегію або виробити власну.

Серед поширених стратегій виживання такі:

- **Бійка:** я поквитаюся з ними. Вони за все заплатять.
- **Захист:** більше ніхто й ніколи до мене не наблизиться та не заподіє мені такого болю.
- **Заперечення:** насправді все не так уже й погано, я в порядку. Іншим людям набагато гірше.
- **Ігнорування:** я не хочу про це говорити. Це неважливо. Рухаймося далі.

- **Закопування:** я розберуся з цим пізніше.
- **Виправдання кривдника:** він нічого не міг удіяти. Він не знав нічого кращого. Він був хворий.
- **Виправдання себе:** я не можу контролювати своєї реакції. Я тут жертва!

Перелічені вище варіанти поведінки заважають ефективному емоційному зціленню, яке потрібне для подолання болю й досягнення успіху.

> **Пауза для роздумів**
>
> Яка з перелічених стратегій нагадує вам те, як ви або ваша дитина справляєтеся з болем?
>
> Як слова з Писання про «вчинки тіла» допомагають зруйнувати силу негативних реакцій у вашому житті?

УЧИМОСЯ РЕАГУВАТИ КРАЩЕ

Молитви про реакції

Ми побачили, як важливо навчити дітей розбиратися не лише з болем і образою, а й зі своєю негативною реакцією, яку цей біль (образа) породжує в їхньому житті. Такі реакції можуть набувати форми почуттів, думок, слів або вчинків, унаслідок яких скривджені діти здатні скривдити інших. Допоможіть своїй дитині зруйнувати силу негативних реакцій за допомогою простих для запам'ятовування кроків.

Ви можете просто скористатися переліченими нижче кроками, але подальше вивчення розділу дасть вам більше розуміння й упевненості в тому, що ви зможете це зробити.

МОЛИТВИ ПРО РЕАКЦІЇ

1. Розкажи Ісусу, що ти відчуваєш через те, що сталося. Поділися з Ним, якщо ти зробив чи сказав щось не так, бо тобі було боляче.

2. Попроси в Христа вибачення за те, що тримався за ці почуття. Перепроси за те, що сказав або зробив щось погане.

3. Попроси Ісуса забрати негативні емоції, пов'язані з болем або образою.

Ти можеш сказати…

1. **«Ісусе, я відчуваю** _____ всередині, бо я сказав / зробив _____________ через те, що мені було боляче».

2. **«Будь ласка, прости мене,** Ісусе, за те, що я тримався за ці почуття, і за те, що я говорив або робив неправильні речі».

3. **«Прошу Тебе,** забери це почуття _____».

«Дякую Тобі, Ісусе, за те, що простив мене й забрав це почуття!»

Крок 1. Розкажи Ісусу, що ти відчуваєш через те, що сталося. Поділися з Ним, якщо ти зробив чи сказав щось не так, бо тобі було боляче.

Навчити дитину чесно виражати свою реакцію на біль важливо й насправді потрібно. У Псалмі 62:9 сказано: *«Народе мій, повсякчас покладайся на Нього. Виливайте перед Ним ваші серця. Бог — наш Захист».* Говорити Господу про свої негативні реакції не означає виправдовувати їх або жити у своїй образі, що може породити менталітет жертви. З довірою приходячи до Бога й розповідаючи Йому про свої переживання, ми відкриваємося для того, щоб отримати від Нього допомогу й розібратися з надзвичайно важкими та гострими реакціями на біль і образу. Якісь реакції можуть виявитися настільки сильними, що якщо Господь не допоможе нам упоратися з ними, то ми можемо зрештою заподіяти шкоду собі та іншим людям.

Для початку треба з'ясувати й відсортувати факти: що саме сталося, хто, що й кому сказав чи зробив, які реакції корисні, а які ні. Це готує дитину до наступного кроку. Зважаючи на це, ми коротко обговоримо три основні реакції на біль / образу: відкинення, гнів / злість і страх.

Відкинення

Один із найпоширеніших видів болю, який можуть відчувати люди будь-якого віку, це біль відкинення. Перебуваючи в жахливому стані, ми й далі тримаємося за ці почуття й час від часу підживлюємо їх; будь-хто з нас може пройти одним із двох деструктивних шляхів (що проявляються в думках або вчинках)[18]:

Зовнішнє руйнування: *відкинення* → *бунт* → *обурення* → *гіркота* → *ненависть* → *гнів* → *лють* → *насильство* → *вбивство*

Внутрішнє руйнування: *відкинення* → *жалість до себе* → *замкнутість* → *депресія* → *безнадія* → *самогубство*

Ми можемо реагувати на відкинення комбінацією бунту й жалю до себе. Однак набагато краще навчитися змалечку приносити ці реакції Ісусові, отримувати розраду від Нього, просити в Христа прощення, коли ми через свої почуття кривдимо інших людей, і просити Його забрати такі емоції.

Гнів

Гнів є поширеною реакцією на біль / образу й заслуговує особливого розгляду. Хтось уважає, що християни ніколи не зляться. Вони ховають усі почуття злості «під килим» і миряться з будь-якою несправедливістю. Вони вчать своїх дітей «підставляти другу щоку» в ситуаціях, де їм насправді потрібна допомога в тому, щоб захистити себе. Інші дозволяють собі гніватися та кривдити людей, заявляючи, що вони мають право злитися або їм просто треба випустити пару.

Але Біблія каже: *«Гніваючись, — не грішіть...»* (до Ефесян 4:26). Що мається на увазі, коли йдеться про те, щоб допомогти дітям розібратися з гнівом як зрозумілою реакцією на біль? На хвилинку уявіть підлітка в маленькому бідному аргентинському селищі. Хлопчика без

---

[18] A. and E. Taylor, *Ministering Below the Surface,* Section 4 Key Teachings, Rejection, First Edition, p. 118.

жодної причини б'є п'яний батько, щойно той з'являється вдома. Імовірно, дитина відчувала сильний (справедливий) гнів на свого батька. Однак, окрім каяття в гніві, цьому підлітку насамперед потрібна допомога в тому, щоб віддати свій гнів Богові. Якщо хлопчик і далі триматиметься за ці почуття, вони можуть підштовхнути його до таких гріхів, як помста батькові (див.: До Римлян 12:19), осуд батька (див.: Матвія 7:1), гіркота (див.: До Євреїв 12:15). Якщо хлопець уже пішов таким шляхом, йому треба попросити в Бога вибачення за ці реакції, а не за гнів чи злість, які він відчував через те, що його б'ють без причини.

Крок 2. Попроси в Христа вибачення за те, що тримався за ці почуття. Перепроси за те, що сказав або зробив щось погане.

Ми побачили, що скривджені діти кривдять інших дітей, унаслідок чого жертва часто стає злочинцем. З цим варто розбиратися в молитві. Просто сказати «прости» за те, що ми зробили, сказали, відчули, подумали через заподіяний нам біль, і попросити Господа пробачити нам. Сповідуючи негативні реакції і каючись перед Богом, ми уподібнюємося до Христа й вирішуємо наслідувати Його приклад. Ісуса брехливо звинуватили, побили й убили, але Він відповів прощенням, любов'ю до Своїх ворогів. Навчаючи дітей визнавати свою участь у реакції на біль і кривду, ми жодним чином не применшуємо їхній біль і не виправдовуємо те, як із ними вчинили. Це також не означає, що нам не треба вчити дітей обстоювати свою думку або не дати себе скривдити на дитячому майданчику. Особливо хлопчики мають знати, що так чинити нормально. Це справді захищає серце дитини від гіркого коріння, від формування виснажливого менталітету жертви й дозволяє Богові повністю зцілити її рани, щоб вона могла рухатися далі.

Пам'ятайте: дитині важливо знати, що коли вона попросила в Бога прощення, то Господь справді пробачив. Таку обіцянку записано в Першому посланні Івана:

Якщо ж визнаємо свої гріхи, то Він, вірний і праведний, щоби простити нам гріхи й очистити нас від усякої неправедності.

1 Івана 1:9, переклад Р. Турконяка

Більш детально ми розглянемо тему прощення гріхів у частині Г.

Крок 3. Попроси Ісуса забрати негативні емоції, пов'язані з болем або образою.

Діти можуть уявити Ісуса поряд і віддати Йому ці почуття. Хтось може уявити важкий наплічник на спині, наповнений поганими та гнітючими почуттями. Разом з Ісусом дитина спорожняє його біля хреста. Коли почуття минули, подякуйте Христу й помоліться, щоби Бог благословив вашого кривдника.

Якщо дитина скривдила іншу людину, допоможіть їй подумати, як можна помиритися. Часто після такої молитви діти негайно телефонують друзям і просять вибачення за те, що брали участь у сварці чи бійці. Щоразу ми спостерігали, яке полегшення відчували діти, коли врешті-решт усе вдавалося залагодити.

Анна (вісім років) молиться про реакцію

У Анни був поганий день. Вона посварилася із сусідкою Сієною, і вони обзивали одна одну поганими словами. Тато помітив, що дівчинка роздратована, і поцікавився, що сталося. Анна розповіла.

Коли батько вислухав доньку й вони в загальних рисах обговорили те, що трапилося, він запитав, чи хоче Анна поговорити про це з Ісусом. Дівчинка відповіла «так», і вони помолилися про звільнення від болю. Нижче наведено діалог, в процесі якого тато допоміг Анні розібратися з її реакцією на ситуацію за допомогою молитов про реакцію.

Тато: «Хочеш розповісти Ісусу, що ти відчуваєш до Сієни?»

Анна: «Так, хочу. Ісусе, я почуваюся погано, бо Сієна назвала мене тупою. Я її ненавиджу, тому і обізвала тими жахливими словами!»

Тато: «Те, що сказала Сієна, було недобре. Тебе це образило! Але ти також сказала кілька негарних слів. Чом би тобі не попросити вибачення в Ісуса за те, що ти сказала, і за те, що ти ненавидиш Сієну. Він хоче пробачити тобі твою провину».

Анна: «Будь ласка, прости мені, Господи Ісусе, що я назвала Сієну жирною коровою. Пробач мені, що я ненавиджу її».

Тато: «У Першому посланні Івана 1:9 Біблія говорить, що Бог прощає нам, коли ми просимо Його!»

Анна: «Я знаю і пам'ятаю це. Тату, тепер мені краще, але я і досі трохи ненавиджу Сієну».

Тато: «Ти можеш попросити Ісуса забрати цю ненависть».

Анна: «Гаразд. Господи Ісусе, будь ласка, забери цю ненависть. Я хочу знову дружити із Сієною».

Тато: «Як ти зараз почуваєшся?»

Анна: «Я більше не маю ненависті до Сієни! Дякую Тобі, Ісусе, за те, що забрав це почуття! Гадаю, я зателефоную їй і перепрошу за свої слова».

ІСУС ЗЦІЛЮЄ ВІД БОЛЮЧИХ СПОГАДІВ

Молитви про спогади

Коли травми пов'язані з конкретною подією, деяким дітям корисно запросити Бога в спогади про те, що трапилося. Господь не зв'язаний часом і простором, тому Він може приносити зцілення у події та ситуації в минулому.

Молитви про спогади — корисний інструмент для звільнення як від простих, так і від глибших ран. Будь-який біль або негативні реакції, які ми відчули колись, у певний момент можуть вирватися назовні, і тоді з ними потрібно буде розібратися. Після того як Бог зцілить від болючих спогадів, ми все ще можемо пам'ятати, що сталося. Однак це вже не завдає болю, і ми з відчуттям свободи готові рухатися вперед.

МОЛИТВИ ПРО СПОГАДИ

1. Попроси Ісуса повернути тебе до болючого спогаду. Зачекай і подивись, що Він нагадає тобі. Дозволь проявитися всім почуттям, які ти в той час переживав.

2. Запроси Христа у свої спогади. Подивись, що Він зробить або скаже. Що ти відчуваєш в цей момент?

3. Пробач людям, які завдали тобі болю. Попроси вибачення за свою реакцію на кривду. Подумай про те, що сталося, ще раз. Що ти відчуваєш тепер?

Ти можеш сказати...

1. «**Ісусе, будь ласка,** поверни мене назад у ________. Прошу Тебе, зціли мої спогади».

2. «**Ісусе, будь ласка,** увійди в ці спогади ________».

3. «**Я прощаю** ________. Прости мене за ________».

«Ісусе, дякую Тобі за зцілення цих спогадів!»

Більше ніж уява

Коли ми просимо Ісуса повернути нас у болючий момент у минулому, який певною мірою негативно впливає на сьогодення, у нашому серці можуть прокинутися давні емоції, а саме страх, гнів, відчуття самотності тощо. Випускаючи їх назовні, ми більше не дозволяємо їм залишатися в душі й отруювати нас.

Запрошуючи Ісуса в ситуацію, ми не намагаємося уявляти чи припускати, що Він зробить, коли прийде в наші спогади. Навпаки, ми хочемо приділити цьому час і дозволити Йому увійти в обставини і явити Себе. Нерідко Ісус входить у спогади у вигляді о́бразу, в якому дитина впізнає Його. Він часто говорить або робить щось, наприклад: запитує дитину, чи хоче вона погратися, або просто бере її за руку. В інших випадках діти можуть не бачити Ісуса, хоча відчувають Божий мир і спокій і знають, що Господь був там.

Ми виявили, що справжнє одкровення про Божу присутність і Його характер у спогадах має величезний вплив і приносить зцілення. Можливо, ви самі захочете практикувати зцілення від спогадів, запросивши Святого Духа привести вас у ті обставини, пам'ять про які Він хоче зцілити. Ви здивуєтеся, які (забуті) ситуації спливуть у вашій свідомості!

Ной (сім років) молиться про спогади

Ми повертаємося до семирічного Ноя і його приятеля Джо. У попередньому прикладі Ной застосував молитви про звільнення від болю, щоб віддати те, що трапилося, Ісусові й пробачити іншим дітям. Далі ми покажемо, як молитви про спогади здатні допомогти впоратися з тими самими болісними спогадами по-іншому. Молитва й розмова можуть бути приблизно такими:

Мама: «Хочеш попросити Господа Ісуса повернути тебе подумки в ту ситуацію на майданчику?»

Ной: «Так. Ісусе, будь ласка, поверни мене в той ранок у школі, коли Джо та інші діти сміялися з мене».

Мама: «Почекаймо й побачмо, що Він нагадає тобі, — мама трішки чекає. — Ти бачиш себе в тій ситуації? Шо відбувається?»

Ной: «Я на шкільному ігровому майданчику. Джо каже, що в мене великі ноги й вуха, як у слона! Усі починають із мене сміятися».

Мама: «Як ти почуваєшся?»

Ной: «Жахливо. Я почуваюся жахливо. Мені здається, що мене більше ніхто не любить. Я злюся, бо з мене всі глузують. Так хочеться їх ударити, щоб вони замовкли!»

Мама: «Попросімо Христа ввійти в цей спогад».

Ной: «Господи Ісусе, будь ласка, увійди в мій спогад».

Мама: «Що відбувається?»

Ной: «Я бачу Ісуса. Він запитує, чи хочу я з Ним погратися».

Мама: «Як ти почуваєшся тепер?»

Ной: «Добре, бо я подобаюся Ісусу. Він мій Друг».

Мама: «Ти можеш простити Джо та іншим дітям те, що вони так огидно поводилися?»

Ной: «Так, я прощаю Джо та іншим дітям те, що вони так поводилися і обзивали мене».

Мама: «А тепер попроси Бога пробачити тобі».

Ной: «Господи Ісусе, мені прикро, що я ненавидів цих дітей. Прости мені, будь ласка».

Мама: «Тепер знову подумай про те, що сталося на майданчику вранці. Як ти почуваєшся зараз?»

Ной: «Мені вже не болить. Я знову хочу дружити з ними. Як ти гадаєш, ми можемо й далі бути друзями?»

Мама: «Авжеж, можете! Подякуймо Ісусу за те, що Він зробив, і попросімо Його допомогти вам усім у школі завтра».

Вчення про гріх і прощення

Г.

ВЧЕННЯ ПРО ГРІХ І ПРОЩЕННЯ

ІСТИНА РОБИТЬ НАС ВІЛЬНИМИ

Закладаємо важливі основи характеру та успіху

Багато дітей почуваються розгубленими, бо зробили щось не так і не знають, що з цим робити. Проте вміння виправляти помилки — важливий ключ до формування характеру та досягнення успіху. То чому б батькам не навчати цього дітей більш докладно?

Почасти проблема полягає в тому, що суспільство відійшло від Божих стандартів правильного й неправильного, тому ми всі як той чоловік, що побудував свій будинок на піску. Але ж ви хочете, щоб ваші діти досягли успіху й могли впоратися з життєвими бурями, отож треба навчити їх розрізняти добро й зло, а також що робити, коли вони чинять неправильно.

Біблія називає помилки, хиби, образи, лихі, егоїстичні або інші руйнівні дії, вчинені нами, гріхом. У цьому розділі ми розглянемо, як пояснити дітям, що таке гріх і як боротися з ним за допомогою молитви про прощення. Вона є потужним і водночас простим інструментом, яким ваша дитина може користуватися з раннього віку, щоб налагодити стосунки між нею та Богом, а також між нею та іншими людьми.

Упоратися з гріхом за допомогою молитви про прощення — означає обрати Божий вихід із ситуації, щоб не отримати те, на що ми заслуговуємо за свої вчинки. А ще це означає не бажати того, щоб інші отримали по заслугах за те, як учинили з нами.

Серйозна проблема

Гріх — це не ласування, як сказали б у рекламі, шкідливими, але такими смачними продуктами. Гріх — це думки, вчинки, почуття чи слова, які не подобаються Богові. Це серйозна проблема, адже він стає між нами й Богом (див.: Ісаї 59:2). Якщо з гріхом не розібратися, він у наслідку приведе до смерті (див.: До Римлян 6:23).

На волосину від загибелі

Одного разу наш семирічний син затіяв зі своїм другом біг наввипередки в безпосередній близькості до проїжджої частини. Коли вони помчали тротуаром, жінка, яка супроводжувала їх, крикнула, щоб вони зупинилися. Але діти не послухалися. Вона із жахом спостерігала, як наш хлопчик вискочив на дорогу. Можливо, він правильно оцінив відстань до машини, що наближалася, проте його приятель, зосередивши свою увагу не на русі транспорту, а на нашому синові, кинувся за ним і мало не потрапив під машину.

Непослух справді може виявитися смертельним. Можливо, не з першого разу. І не завжди той, хто очолює бунт, платить ціну. Ті, хто слідує за ним, також можуть дістати травму. Дізнавшись про інцидент, ми відправили нашого сина спати без зечері — це один із небагатьох випадків, коли ми вдалися до такого. Ми також щиро молилися про те, щоб він зрозумів, що повівся неправильно, а його вчинок міг коштувати життя. Через деякий час зі спальні долинули несамовиті ридання. Почуття голоду в поєднанні з нашою посиленою молитвою справді допомогло нашому синові переосмислити ситуацію (покаятися) й усвідомити, що наступного разу треба слухатися.

Закон і благодать

Деякі християни не люблять говорити про гріх, вони воліють зосередитися на благодаті. Але як можна зрозуміти, що ми прощені (іншими словами, що нам відпущено гріхи), якщо ми взагалі не знаємо, що зробили не так? Прощення нічого не означатиме для нас.

Так само дитині важко оцінити Божу благодать (милість, прощення, прихильність), якщо вона не має бодай базового розуміння проблеми гріха та провини. Десять заповідей (разом із рештою старозавітного закону з його численними правилами й системою жертвоприношень) було дано з конкретною метою. По-перше, щоби показати, чого очікує Бог, якщо ми хочемо чинити по-своєму. По-друге, щоби підкреслити, що в нас немає *жодного* шансу зробити це самотужки. Коли ми усвідомлюємо серйозність нашого становища, то готові прийняти Боже рішення, Його *благодать*, у якій Він, по суті, каже: «Усе гаразд. Ісус упорався з цим. Він усе владнав за тебе на хресті».

Вправи, які допоможуть дітям зрозуміти суть гріха

Розуміння Божих стандартів

1. Прочитайте разом усі десять заповідей, перелічених у двадцятому розділі Книги Вихід.

2. Поговоріть про те, які з них вам удалося виконати, а які ви порушили. Поясніть, що якщо бути чесними, ми всі схибили вже на першій: *«Нехай не буде у тебе інших богів передо Мною»* (Вихід 20:3). Бог — це хтось (або щось), кого ми ставимо на перше місце у своєму житті, кого ми шануємо, любимо і обожнюємо. Ми віддали це місце в наших серцях іншим людям, речам тощо.

Покажіть, що ми всі чинили неправильно

1. Разом із дитиною сядьте, заплющте очі та стисніть кулаки. Поясніть, що ви називатимете різні гріхи (тобто слова, думки, вчинки або почуття, які не подобаються Богові). Якщо ви коли-небудь робили таке, розігніть один палець.

2. Назвіть гріхи, поширені серед дітей, приміром непослух (не слухатися батьків), брехня (казати неправду), крадіжка (бра-

ти чужі речі), ненависть до когось, заздрість (бажання мати те, що має інша дитина).

3. Розплющте очі. Скільки пальців ви розігнули? Якщо ви були чесними, то в кожного з вас буде розігнутим щонайменше один палець.

4. Поясніть: подивися, скільки пальців розігнуто в нас обох! Ось, що має на увазі Біблія, коли каже, що ми всі згрішили. Це означає, що ми всі в якийсь момент чинили неправильно. Навіть один поганий учинок — це як шматок бруду в склянці чистої води. Його достатньо, щоб уся вода стала нечистою. Так само і з Богом. Він хоче, щоб ми були святими й досконалими, як і Він, але ми не можемо досягти цього самотужки. Нам потрібна допомога Ісуса. І Бог каже, що Ісус може бути досконалим для нас, якщо ми цього захочемо.

Пауза для роздумів

Чи відповідає ваше уявлення про гріх, закон і благодать ученню в Слові Божому?

Як ви можете допомогти своїй дитині краще зрозуміти суть гріха, закону та благодаті?

БОЖІ ЛІКИ ВІД ГРІХА

Допомагаємо дітям прийняти Ісуса своїм Господом і йти далі по життю з Ним

Щойно дитина усвідомить, що гріх є проблемою, можна відразу показати їй геніальне Боже рішення — Ісуса Христа!

Ісус прийшов на землю з місією спасіння, щоби покінчити з гріхом раз і назавжди. Для здійснення замисленого Йому довелося стати справжньою людиною. У Біблії сказано, що Він був не такий, як ми, адже, на відміну від усіх тих, хто жив від часів Адама і Єви, Христос народився без жодного з тих гріхів, що вже є у світі. Це тому, що Він не мав земного батька, а Святий Дух зійшов на Марію, і вона чудесним чином завагітніла (див.: Луки 1:34-35).

Оскільки Ісус став повністю людиною, Він був спокушуваний тими самими речами, що й ми, але не піддавався. Насправді Христос узагалі ніколи не робив нічого поганого! Будучи безгрішним від самого початку, Він залишався абсолютно непорочним. Ось чому Ісус зміг віддати за нас Своє досконале життя, ставши Агнцем Божим, Який узяв на Себе гріх світу. Він узяв наші гріхи на Себе (див.: Івана 1:29).

До цього людям доводилося приносити в жертву всіляких тварин і покладати на них свої гріхи. Але Ісус став останньою досконалою жертвою!

Досконале омиття: вір і приймай

Ісус помер за нас, проте не залишився мертвим. Він воскрес і сьогодні живий! Ми можемо вірити в Нього й приймати Його у своє життя. Саме так Бог розбирається з гріхом у нашому житті (див.: Івана 1:12; 3:16). Роблячи це, ми фактично «застосовуємо» кров Христа, яку Він пролив багато років тому на хресті. По суті, ми говоримо: «Мені більше не треба нести покарання за свій гріх чи відповідати за його наслідки. Ісус зробив це за мене! Я вірю в це й вірю в Боже прощення та благодать, які очищають мене й забирають усе, що пов'язано з моїм гріхом»[19]. І Він це робить! Ми стаємо тими, кого Біблія називає «народженими згори».

Деніел згадує:

«Якось, коли мені було вісім років, тато пояснив мені, що я можу запросити Ісуса у своє життя, і Він увійде в нього. Пізніше того дня, перебуваючи у своїй кімнаті, я вирішив попросити Ісуса ввійти в моє життя, і невимовна радість переповнила моє серце!»

Не чиніть тиск на дитину, спонукаючи її прийняти Ісуса певним чином чи в певний час. Однак будьте готові пояснити, Хто такий Христос, що Він для неї зробив і як дитина може особисто прийняти Господа у своє серце. Моліться про те, щоб Святий Дух допоміг дітям зрозуміти й прийняти Ісуса[20].

Одного дня, коли нашому третьому синові було чотири з половиною роки, ми пішли гуляти серед пагорбів. Хлопчик побачив розп'яття поруч зі стежкою і раптом оголосив, що хоче запросити Іс-

---

[19] Див.: 1 Петра 3:18; До Євреїв 9:14; 10:10; 1 Івана 1:9.

[20] Див. розділ «Допоможіть дитині прийняти Ісуса» в частині «Додаткові матеріали».

уса у своє життя. Ми розташувалися на сусідній лавці, і він запросив! За кілька місяців до цієї події ми почали розповідати синові біблійні історії (щоби показати йому, Хто Такий Ісус) і просто проводили з ним час! Ми були вражені тим, як він змінився після того дня.

Навіть маленькі діти здатні повірити в Ісуса й прийняти Його. У процесі дорослішання їхнє розуміння того, що зробив Ісус, поглиблюватиметься, і вони можуть схотіти знову запросити Його у своє життя. Це не означає, що вони не народилися згори раніше. Радше вони прийшли до більш глибокого усвідомлення й просто хочуть знову виразити свою любов до Ісуса й бажання йти за Ним.

Омиття на ходу: сповідь

Ви ходили босоніж удома після ванни? Перед тим як лягати спати, імовірно, вам знову доведеться помити ноги. Але ви не станете знову купатися повністю. Досить змити бруд із ніг. Ісус порівнює народження згори (віру в Нього й прийняття Його) з обмиванням усього тіла. А сповідання (зізнання в скоєному й каяття) — з омиванням ніг, які забруднилися, поки ми ходили (див.: Івана 13:10). Це другий аспект Божих ліків від гріха.

Учити дітей сповідатися й розбиратися з гріхами навіть після того, як вони прийняли Ісуса у своє серце, — ключ до того, щоб допомогти їм залишатися поряд із Господом, надалі рухатися вперед із невгасимою любов'ю до Нього. Це зовсім не занижує самооцінку дитини.

Сповідь у гріхах і прохання Божого прощення звільняє і допомагає нам правильно думати про себе. Це також ключ до розв'язання проблем, зумовлених гріхом, щоб дитина могла отримати свободу й перебувати в ній.

Пам'ятаєте Саула й Давида? Давид прагнув бути праведним перед Богом глибоко в серці, а Саул хотів бути праведним зовні й намагався підтримувати цю видимість. Давид не мав жодних проблем із тим, щоб відкрито визнати свої помилки, хай якими серйозними вони були: *«Я визнав перед Тобою свій гріх і не приховав своєї провини. Я сказав: визнаю свій гріх перед Господом. І Ти простив мою провину»* (Псалом 32:5).

Деякі діти турбуються про те, чи треба їм просити вибачення за кожен гріх, щоб спастися. Я була такою і хвилювалася, що якщо раптово помру, не попросивши прощення за всі свої гріхи, то не зможу потрапити в рай. Тоді батьки пояснили мені, що так само, як я нічого не можу зробити, щоб вони перестали любити мене та бути моїми татом і мамою, тепер, коли я стала Божою дитиною, жоден з учинків, що я зробила, не змінить ситуації. Моє спасіння залежить не від сповідування кожного гріха, а від того, що я вірю в Ісуса Христа й прийняла Його у своє життя (див.: Івана 1:12; 3:16).

Батьки розповіли мені, що гріх подібний до хмари, яка закриває від нас сонце. Сонце ніколи не перестає світити, посилаючи тепло, хоча здається більш холодним і тьмяним. Так само гріх може стати між нами й Богом і зіпсувати нашу дружбу. Щойно ми зізнаємося Йому в тому, що зробили (Він усе одно знає!), і попросимо Його пробачити нам (вимити забруднені ділянки нашого життя), хмарина немов розвіюється, і ми знову гріємося на сонці.

Пауза для роздумів

Чи прийняла ваша дитина Ісуса? Якщо ні, то як ви можете допомогти їй зробити цей крок?

Як ви справляєтеся з гріхом у своєму житті?

ПРИБИРАЄМО НАШ БЕЗЛАД

Молитви про прощення

Нікому не подобається бігати з камінцем у взутті. Навіть якщо це маленький камінчик, він упивається в ногу й псує нам настрій. Якщо ми вирішимо його ігнорувати, він від цього не зникне. І якщо залишити все як є, зрештою він пошкодить шкіру та з'явиться рана. Відповідь очевидна — зупинити гру й вийняти камінь! Що швидше ми це зробимо, то швидше зможемо знову насолоджуватися грою!

Попросити Бога пробачити нам, коли ми помилилися (сповідь), — це все одно, що вийняти камінчик із черевика. У наслідку ми можемо насолоджуватися життям, яке Він для нас приготував, і не дозволяти ситуації погіршуватися. Рекомендовані та пояснені тут молитви про прощення — це простий інструмент, яким діти можуть користуватися, щоб швидко й ефективно розібратися зі своїми гріхами.

МОЛИТВИ ПРО ПРОЩЕННЯ

1. Скажи Ісусу, що шкодуєш про свій учинок, слова чи почуття.

2. Попроси Ісуса простити тобі.

3. Налагодь стосунки з іншими, якщо це потрібно.

Ти можеш сказати…

1. «**Ісусе, я шкодую,** що ________».

2. «**Будь ласка, прости мені**».

3. «**Допоможи мені** все виправити / налагодити стосунки з _____».

«Дякую Тобі, Ісусе, за те, що простив мені!»

Крок 1. Скажи Ісусу, що шкодуєш про свій учинок, слова чи почуття.

Запропонуйте дитині написати або намалювати на аркуші паперу, камені або палиці те, за що вона хоче попросити в Бога вибачення. Коли дитина дійде до кроку 2, допоможіть їй позбутися цього предмета. Наприклад, його можна спалити, викинути або пустити за течією струмка.

Один із наших синів протягом багатьох тижнів боровся з незрозумілим почуттям провини. Він був упевнений, що зробив щось не так, але не знав, що саме.

Іншим разом він пережив період, коли майже щоночі Бог справді докоряв йому за певні гріхи. Він зробив дещо за нашою спиною, і це потребувало викриття. Святий Дух показував йому конкретні речі, і врешті-решт у сина стало сміливості в усьому зізнатися. Після того як «сезон» очищення закінчився, ми помітили, що він зростає духовно й розвиває свою глибоку віру. Тоді ми зрозуміли: є моменти, коли дитині треба відчути тяжкість свого гріха, щоби пізнати солодке полегшення, яке дає Боже прощення. Тож будьте терплячими й не квапте дітей у цьому процесі.

Крок 2. Попроси Ісуса простити тобі.

Попросити Ісуса пробачити нам означає відвернутися (покаятися) від того, що ми робимо, думаємо чи відчуваємо неправильно, і бути готовими йти Божим шляхом. Деякі діти проситимуть вибачення, бо бояться покарання або хочуть догодити вам, проте в їхніх серцях не відбувається жодних змін.

Не задовольняйтеся їхньою зовнішньою відповідністю образу доброго християнина! Лише справжня внутрішня зміна приводить до життя, яке дійсно до вподоби Богу. Це «правда в глибині серця» (місце, куди ніхто не дивиться, про яке цар Давид говорить у Псалмі 51:8). Спілкуйтеся й надалі з неслухняною дитиною та моліться за неї, поки не побачите справжні зміни.

Нагадайте своїй дитині, що ми можемо просити в Бога прощення завдяки тому, що Ісус Христос зробив для нас на хресті. Він зайняв наше місце й узяв на Себе гріхи та покарання всього світу: «...ГОСПОДЬ поклав на Нього гріхи всіх нас» (Ісаї 53:6, виділення автора).

Після того як ми покаялися перед Богом і попросили в Нього прощення, розум може й далі звинувачувати нас. Тому важливо отримати або прийняти прощення Господа. Іншими словами, застосувати те, що Ісус зробив на хресті[21].

Примітка. Щоб отримати прощення від Бога, треба пробачити іншим.

У молитві, яку називають «Господньою молитвою», Ісус навчав нас: «*...і прости нам провини наші, як і ми прощаємо винуватцям нашим*» (Матвія 6:12). У 15-му вірші Він додає: «*...якщо ж не прощаєте людям їхніх переступів, то й ваш Отець не простить вам ваших переступів*».

Можна пояснити це дитині, використовуючи таку ілюстрацію: уяви, що ти тримаєш у руках невеликого птаха. Поки пташка в руках, вона не може полетіти. Тепер запропонуйте дитині льодяник або інший смаколик. Щоб узяти льодяник, їй доведеться відпустити пташку.

---

[21] Див.: Ісаї 53:11; 1 до Коринтян 15:3; 1 Петра 2:24 і 3:18.

Так само й прощення означає розтулити долоні та відпустити іншу людину. Тепер ми вільні й можемо отримати прощення від Бога.

Якщо вашій дитині важко прощати іншим людям чи навіть собі, прочитайте їй притчу про непробачливого слугу, записану у Євангелії від Матвія 18:21-35. Обговоріть цю притчу й поясніть дитині: хай як погано з нами вчинили інші, якщо Бог може прощати наші гріхи, то й ми зможемо пробачати іншим!

Іноді дитині важко пробачити через біль, образу та спогади. Діти блокують ці почуття, але з ними треба розібратися. Це можливо зробити, застосовуючи молитви про звільнення від болю, молитви про реакцію і про спогади.

Крок 3. Налагодь стосунки з іншими, якщо це потрібно.

Щоб виправити ситуацію, можливо, треба просто перепросити когось за свої слова, ставлення чи поведінку. Або ж це може бути дія, наприклад: повернення вкраденого чи відшкодування того, що ви зіпсували.

Закхей доклав чимало зусиль, щоб налагодити стосунки з людьми. Він зажив слави нечесного збирача податків і стягував завищену плату, а гроші залишав собі. Усі його ненавиділи, проте ніхто не міг зупинити. Він був дуже багатий і впливовий. Зустрівшись з Ісусом, Закхей зрозумів свою неправоту. Він дав зрозуміти, що шкодує про скоєне, пообіцявши повернути вчетверо більше, ніж узяв (див.: Луки 19:8). Ця сума була навіть більшою, ніж вимагав у таких випадках юдейський закон!

Марі (одинадцять років) молиться про прощення

Уявіть, що Марі вкрала сережки. Її мучить совість, вона шкодує про скоєне. Коли мама поцікавилася, звідки в дівчинки сережки, Марі вирішила зізнатися. Мама застосовує прості молитви про прощення, щоби показати доньці, як можна виправити становище перед Богом. Також вона допомогла дівчинці визначитися з практичними кроками, вдавшись до яких та змогла налагодити стосунки з іншими.

Мама: «Хочеш поговорити з Ісусом про свій учинок, попросити Його простити тобі й допомогти виправити ситуацію?»

Марі: «Хочу. Любий Господи Ісусе, я дуже шкодую, що вкрала ці сережки, коли їздила в місто з Еллою. Це було неправильно. Мені не варто було так чинити. Будь ласка, пробач мені крадіжку. Я приймаю Твоє прощення та дякую за те, що Ти пробачив мені! Я також прощаю Еллі те, що вона напоумила мене взяти їх, стверджуючи, що ніхто все одно не помітить, адже магазин заробляє так багато грошей, що це не має ніякого значення. Допоможи мені все виправити. Знаєш, Ісусе, мені треба повернути їх назад. Будь ласка, допоможи мені вчинити правильно, навіть якщо я відчуватиму сором».

Мама: «Це хороше рішення! Хочеш, я піду з тобою і підтримаю тебе морально?»

Мари: «Так, мамусю! Дякую тобі».

Рухаємося далі

Після того як ми навели лад, треба розробити стратегію, яка допоможе надалі не робити те саме. Поясніть своїй дитині: що ближче ми тримаємося до Ісуса, тобто спілкуємося з Ним у молитві, читаємо Його Слово тощо, то ефективнішою є наша протидія спокусі (див.: До Римлян 12:1-2). Але якщо знову з'явиться можливість згрішити, ми маємо щосили протистояти їй (чинити опір) і довіряти Богові, що Він покаже нам вихід.

> *Тож підкоріться Богові; протидійте дияволові, й він утече від вас.*
>
> Якова 4:7

> *…але при випробуванні [Бог] дасть і вихід, аби ви могли його витримати.*
>
> 1 до Коринтян 10:13

Ось яким може бути продовження розмови з попереднього прикладу:

Мама: «Марі, що ти можеш зробити, щоби більше ніколи не красти?»

Марі: «Знаєш, мамо, у мене завжди виникають проблеми, коли я з Еллою. Мені здається, вона не дуже хороша подруга...»

Мама: «У вашому класі є інші дівчатка, з якими ти можеш дружити?»

Марі: «Джейн хороша. Вона мені подобається. Ми чудово ладнаємо в школі».

Мама: «Може, запросиш її в гості в суботу?»

Марі: «Гаразд, я запитаю, чи схоче вона прийти».

Мама: «Як учинити, якщо хтось каже тобі зробити щось, а ти знаєш, що це неправильно? Що ти зробиш наступного разу?»

Марі: «Я спробую їх не слухати. Просто скажу, що не хочу цього робити, і пошлю стрілу-молитву до Ісуса з проханням про допомогу».

Мама: «Чудовий план. Помолімося тепер про це: "Господи, ми молимося про хорошу подругу для Марі. І будь ласка, допоможи Марі не слухати, коли друзі намагаються змусити її робити щось неправильне. В ім'я Ісуса, амінь!"».

Д.

Інструменти
для звільнення

ІНСТРУМЕНТИ ДЛЯ ЗВІЛЬНЕННЯ

РЕАЛЬНІСТЬ ДЕМОНІЧНИХ АТАК І ЗВІЛЬНЕННЯ

Коли руйнуються захисні бар'єри

Привиди, чаклунство та магія — популярні теми в дитячих книжках і фільмах. Можливо, ви інтуїтивно непокоїтеся з приводу такого контенту й знаєте, що зло реальне. Можливо, ви навіть відчували незрозумілі духовні явища. Хоча, найімовірніше, ви вважаєте за краще особливо не замислюватися про це. Як християнину, який вірить Біблії, вам варто бути обізнаним, але не боятися:

Будьте тверезі, пильнуйте. Ваш ворог — диявол — ходить і ричить, мов лев, шукаючи, кого б поглинути.

1 Петра 5:8, переклад Р. Турконяка

Демони та їхні наміри

Реальність демонічного царства описано в Біблії. Ми читаємо, що перебуваємо в стані війни з дияволом. Однак він працює через своїх агентів, або прислужників. Вони називаються демонами (або бісами). Щоб виграти битву, вам потрібна підготовка, зокрема знання про ворога та його дії, і відповідна зброя для ураження духовного супротивника. Бог забезпечує нас і тим і другим[22].

По суті, демони — це ангели, повалені з неба разом із дияволом за бунт проти Бога, вони є частиною царства сатани. З моменту зачаття людини вони шукають способи ввійти в її життя, щоб украсти, вбити й погубити (див.: Івана 10:10). Чому? Усе дуже просто: адже ми, люди, створені за образом і подобою Божою (див.: Буття 1:26-27). Демони ненавидять Господа і, отже, ненавидять нас. Вони воюють із Творцем і Його народом, але вже зазнали й зазнають остаточної поразки в кінці часів.

Ми вважаємо, що наші тіло й душа є головним об'єктом нападу демонів[23]. Демонічні духи прагнуть впливати на нашу волю, розум та емоції.

Вони можуть стати причиною фізичного, психічного та емоційного болю й хвороб. Подібно до того, як мікроби й віруси змушують нас почуватися погано, так і демони можуть змусити нас відчувати, що ми не зовсім є самими собою. Демони — це духовні істоти без тіла, тому вони шукають провідника, бажано людське тіло, через яке зможуть діяти (див., наприклад, Матвія 12:44; Луки 8:26-33). Приміром, демону ненависті потрібен хтось, через кого він може виражати ненависть, а демону страху — хтось, через кого він може виражати страх.

Демони проникають у наше життя подібно до солдатів, які сховалися в дерев'яному коні, щоби потрапити до Трої. Прийнявши коня за трофей богів, троянці відчинили браму й затягли коня всередину. Так вони впустили ворога, не підозрюючи про це.

Отже, ми мусимо знати, як не впускати демонів у своє життя. Якщо вони вже отримали доступ, то нам треба знати, як їх вигнати. Хоро-

---

[22] Наприклад, «*Благословенний Господь, моя Скеля, Котрий навчає мої руки до битви, — мої пальці — тримати зброю*» (Псалом 144:1) і «*Бо зброя нашої боротьби не тілесна, а сильна завдяки Богові, щоби знищити твердині: ми руйнуємо задуми*» (2 до Коринтян 10:4).

[23] Служителі-молитовники не одностайні у своїх поглядах на те, до якої міри дух християнина може бути уражений демонічним впливом.

ша новина полягає в тому, що коли ми навчимося робити це вчасно, то зможемо уникнути біди, а часом і трагедії.

Природні захисні бар'єри

Природні захисні бар'єри перешкоджають зовнішньому впливу, здатному заподіяти нам шкоду. На фізичному рівні одним із таких бар'єрів є наша шкіра, яка не пропускає мікроби та інші шкідливі елементи. Але поріз або опік руйнує цей бар'єр і робить нас вразливими до інфекції, якщо їх не лікувати.

Ще один природний захисний бар'єр — це дана Богом здатність осмислювати емоції та переживання, чого ми вчимося з першого дня життя. З дорослішанням ми набуваємо в цьому досвіду та вміння, саме тому малюк має нижчий рівень розчарування, ніж доросла людина!

Проблема виникає, коли обставини, емоції чи гріхи пошкоджують або руйнують наші природні захисні бар'єри. Таке трапляється, коли ситуація виходить за межі нашої природної здатності осмислити її або впоратися з нею. Або якщо ми могли вирішити щось, але не справились із цим. Хай якою була причина, коли природні захисні бар'єри зруйновано, діти й дорослі стають уразливими. Демони можуть скористатися ситуацією, увійти й почати впливати на наше життя. Отримавши доступ, вони не заволодівають нами (що означає повний контроль), а впливають на нас ізсередини. Грецькою мовою це поняття звучить як *daimonizesthai*.

Щойно духовні загарбники (демони) прорвалися крізь природний захист, вони роблять усе можливе, щоб якомога більше оволодіти думками, почуттями та вчинками дитини. Демонічна особистість немов накладається на її особистість у конкретній сфері та переплітається з нею. Ось чому дорослі, які приходять до нас на молитовні служіння, часто кажуть: «Я завжди чогось боявся» або «Скільки себе пам'ятаю, я мав низьку самооцінку й почувався непотрібним».

У якийсь момент, ще в утробі матері або в ранньому дитинстві, «троянський кінь» непомітно пробрався через їхній природний захист. Що швидше ми зможемо вигнати цих духовних загарбників, то краще. Звільнення дитини дає їй змогу розвинути сильну, здорову особистість і реалізувати закладений Богом потенціал без демонічного втручання.

Те, що руйнує природні захисні бар'єри й дає спромогу бісам отримати доступ у наше життя, можна також розглядати як «відчинені вікна», або точки входу, для злих духів. Коротенько ми розглянемо три найпоширеніші з них: розлад між батьками, гріх і образи.

«Відчинене вікно» розладу

Як християнам, нам дано наказ зберігати єдність духа в союзі миру (див.: До Ефесян 4:3). Тривалі непорозуміння між батьками й сварки на очах у дітей можуть зробити їх уразливими перед демонічними атаками на різних рівнях. Ми молилися за одну таку дівчину-підлітка, яка не могла піти погуляти з друзями, бо боялася залишати своїх батьків самих удома. Причиною був страх, глибоко вкорінений із дитинства. Вона бачила, як батька забрали в поліцію після бурхливої сварки з мамою. Коли дівчина помолилася про звільнення, дух страху залишив її. У результаті вона змогла довірити своїх батьків Богу та спокійно проводити час з однолітками.

«Відчинене вікно» гріха

Гріх приваблює демонів, як мух — купа гною, а стічні води — щурів. Коли ми вперто робимо, думаємо або говоримо те, що, як ми знаємо, є гріхом, то відкриваємо себе для демона, який робить цей гріх ще сильнішим у нашому житті. Ми впевнені, що саме так сталося в житті царя Саула. Він уперто перебував у гордості та бунті проти Бога й ненависті до Давида й урешті-решт був замучений демонічним духом (див.: 1 Самуїла 16:14).

Так само і Юда Іскаріот мав звичку красти з торбинки гроші учнів. Це так послабило його природний захист, що сатана зміг увійти в нього (див.: Івана 12:6; Луки 22:3).

Отже, небезпека дозволити демонам увійти в наше життя через постійний, свідомий гріх є досить реальною, тому так важливо навчити дітей швидко справлятися з гріхом, як ми говорили в попередньому розділі. Ми молилися за звільнення підлітків від духів брехні, які приходили, коли діти вважали за краще збрехати, щоб уникнути конфліктів із батьками.

«Відчинені вікна» болю / образи й травми

Усе, що ранить або руйнує нас так глибоко, що виходить за межі нашої природної здатності справитися з цим, може стати точкою входу для демона, який ураз прискакає верхи на образі та нашій реакції на неї.

Відкинення — серйозна травма, яка ще в утробі матері може відкрити дітей для демонів відкинення. Почуття відкинутості, неприйняття себе й відкинення іншими посилюватиметься. Ми молилися з багатьма дітьми в Аргентині, які були відкинуті або покинуті одним чи обома батьками. Коли вони отримали зцілення, розраду й полегшення болю, спричиненого відкиненням, а згодом звільнилися від духів відкинення, то знову набули впевненості в собі й стали проявляти менше агресії до людей.

Нехтування — це своєрідний узагальнений стан образи й травми, який, подібно до відкинення, може відчинити вікно демонічним силам у житті дитини. Нехтування може означати незадоволення основних потреб дітей, а також набувати форми емоційного нехтування, наприклад коли батьки постійно працюють або коли дитину підштовхують до самостійності без належної емоційної підтримки чи наставництва.

Аніта (вісім років)

Маючи сім'ю, якщо так можна висловитися, Аніта майже в усьому була залишена напризволяще. Вона почала відвідувати одну з наших недільних шкіл у бідному районі Сальти. Дівчинка ходила з брудним сплутаним волоссям і весь час була занепокоєною. Вона могла втекти посеред біблійного уроку або раптово вдарити дитину, що сиділа поряд. Одна вчителька з недільної школи дуже любила Аніту й могла кілька хвилин утримати її в себе на колінах, поки дівчинка знову не тікала.

Тримаючи її на колінах, наша служителька тихо молилася, наказуючи духам відпустити Аніту й занепокоєною. просячи Ісуса зцілити зранене серце дитини. Згодом ми помітили зміну: Аніта стала спокійнішою і довше залишалася на заняттях. Нарешті вона змогла поїхати до дводенного дитячого табору на вихідних, під час якого не тікала й не била інших дітей! Ісус почав зцілювати нікому не потрібну дитину та звільнив її через любов і молитву.

Яннік (десять років)

У школі Янніка цькували. Його вчитель не ставився до цього серйозно, а поради батьків, схоже, не допомагали. Удома хлопчик став дуже агресивним і кілька разів казав, що після смерті потрапить у пекло. Його тато й мама були щирими християнами і знали, що Яннік теж любить Господа та слідує за Ним. Хлопчик був дуже тямущим як на свої роки. Батьки не могли збагнути, звідки взялися ця думка й поведінка, і привели його до нас.

Під час бесіди з'ясувалося, що гнів і ненависть, які Яннік відчував до інших дітей і до вчителя, виявилися такими сильними, що підживлювали його агресію та змушували кривдити інших людей. Хлопчик почувався жахливо через свою поведінку й дійшов висновку, що, імовірно, утратив спасіння. Ми нагадали Янніку, що ніщо не відділить його від любові Божої в Христі Ісусі. Він віддав свій біль Ісусу на хрест, пробачив іншим дітям і попросив Господа простити йому неправильні реакції. Потім Яннік наказав духу гніву забратися геть в ім'я Ісуса. Під час молитви він відчув, ніби «щось стрибає в животі». Так дух проявив себе. Хлопчик молився далі, аж поки дух вийшов і всі неприємні відчуття всередині зникли. Він пішов додому вільний і з усмішкою на обличчі!

Примітка. Коли демони пов'язані з внутрішнім болем, часто легше звільнити дитину, якщо ви спочатку зцілите її образу або біль, застосовуючи молитви про зцілення, прощення та реакції.

Інші приклади «відкритих вікон» для демонів:

- Немає єдності між батьками.

- Травматичне зачаття й допологова травма (зґвалтування, спроба аборту).

- Психічне, сексуальне, емоційне або вербальне насильство.

- Втрата когось із батьків або близької людини (смерть, розлучення, залишення тощо).

- Самотність, наприклад: надто довге й часте перебування на самоті.

- Тривале розділення, наприклад: ушпиталення, група подовженого дня, інтернат.

- Аварії, нещасні випадки, в яких дитина пережила шок або страх.

- Цькування, зокрема кібермобінг.

- Уживання наркотиків і алкоголю.

- Сексуальні експерименти в групах, секстинг.

Пауза для роздумів

Чи відображають якісь із наведених прикладів, що руйнують природні захисні бар'єри, те, що переживає ваша дитина?

Подякуйте Богові за те, що Він спорядив вас і навчає справлятися з демонічними атаками у вашій родині та перемагати їх.

БЕЗПЕКА ВАШОГО ДОМУ

Розпізнаємо й зачиняємо «вікна»

Уявіть, що ви лягаєте спати ввечері й залишаєте вікна відчиненими. Дуже ймовірно, що ви прокинетеся й виявите грабіжника, який пригощається продуктами з вашого холодильника, а в його наплічнику вже лежать ваші цінні речі! Більшості людей і на думку не спаде проявити таку легковажність, бо всім відомо: злодії існують, і вони шукають оселі, в які легко пробратися. Тому ми перевіряємо перед сном, чи зачинені всі вікна та двері, і поступово привчаємо наших дітей робити те саме.

Так само нам треба бути пильними щодо того, що ми впускаємо в наші домівки та життя на духовному рівні. Ми маємо навчитися розпізнавати те, що може приваблювати демонів, як недоїдки щурів, і відкриває їм доступ до нашого життя. У цьому розділі ми розглянемо деякі з найпоширеніших сфер, що, на нашу думку, стосується дітей та підлітків, і запропонуємо кроки, які допоможуть вам зачинити ці «вікна»:

- Образи, натхнені демонами.
- Розваги, якими керують демони.

- Прокляття.
- Домінування, контроль або маніпулятивні стосунки.

Óбрази, натхнені демонами

Діти можуть побачити фотографії та відео, що спричиняють глибоку відразу, наприклад де зображено екстремальні форми насильства, збочення або демонічні істоти. Таке може статися випадково або за чиїмось умислом. Поки діти намагаються впоратися з побаченим або стерти його з пам'яті, духи, що криються за цими óбразами, щосили намагатимуться закріпитися в їхніх серцях через страх або неприродний потяг до цих óбразів.

Якщо ваша дитина побачила щось, що сильно її збентежило чи засмутило, навчіть її робити Ісуса Господом своєї уяви й не дозволяти подібним óбразам залишатися в центрі уваги. Але знайте: дітям може знадобитися допомога в активному протистоянні демонам, які намагаються отримати доступ до їхнього життя. Їм потрібна молитва. Треба попросити прощення в Бога (якщо вони дивилися це свідомо й добровільно) і пробачити всім причетним до цього (наприклад, за те, що показували дітям зображення). Попросіть Бога прибрати картинки зі свідомості дітей і зцілити будь-який пов'язаний із ними шок або огиду. Якщо вони все ще відчувають тривогу, застосуйте молитви про звільнення, викладені в наступному розділі, щоб звільнити від будь-якого духа, що стоїть за побаченим (наприклад, духа страху, насильства, збочення тощо).

Розваги, якими керують демони

Батьки часто запитують, чи можуть їхні діти піддаватися впливу демонічних духів через певні фільми, музику, відеоігри тощо.

Відповідь на це запитання, на наш погляд, полягає в тому, щоб, навчитися розрізняти, що надихає творців або який дух стоїть за будь-якими засобами масової інформації. Можливо, це стане зрозуміло не відразу. Але якщо щось виявиться діаметрально протилежним Духу Христа, уникайте цього (див.: 1 до Солунян 5:21-22).

Діти можуть одразу не зрозуміти, чому ви не дозволяєте їм грати в гру, в яку «всі грають», або переглядати фільм, який «всі бачили». Щоб допомогти їм зрозуміти ваше рішення й у майбутньому самим ухвалювати мудрі рішення, поясніть їм, що є два духовні царства. Боже Царство приносить тим, хто перебуває в ньому, життя з достатком. Царство сатани прагне завдавати людям болю. Диявол хоче, щоб ми зацікавилися ним, його владою і тими руйнівними речами, які йому подобаються. Однак Бог бажає, щоб ми любили Його й переживали силу Святого Духа, відчуваючи радість від того, що приносить задоволення Йому.

Крім того, діти іноді потребують звільнення від конкретних демонічних духів, з якими вони вступали в безпосередній контакт через окультні відео, фентезійні рольові та карткові ігри, спроби використати чорну та білу магію, а також ігри, де демонам ставлять запитання (наприклад, в Інтернеті). Галюциногенні наркотики теж здатні відкрити серця підлітків безпосередньому впливу демонічного царства. Отримавши доступ, такі духи можуть працювати в дитині, посилюючи страх, агресію, залежність, потяг до зла та влади сатани. Зрештою вони спробують заглушити віру дітей у Христа й спрагу до Його Слова.

Можливо, ваша дитина вже стала запеклим ігроманом і виявляє ознаки агресії, депресії, почала брехати або стала більш замкнутою і знаходить причини пропускати школу. У такому разі їй, імовірно, потрібне звільнення від демонічних сил, які стоять за конкретною грою, а також звільнення від духа залежності. Вилучення гри або комп'ютера без усунення духовних загарбників, найвірогідніше, призведе до ще більших конфліктів і допоможе лише частково. Після того як діти отримають звільнення, уважно стежте за ними. Їм знадобиться багато підтримки, підбадьорення, заохочення й можливостей спробувати нові навички та відновити соціальні стосунки й зв'язки.

Денний центр для дітей (Аргентина)

Психологиня-християнка, яка працювала в дитячому садочку в Жужуї на початку двотисячних, помітила, що діти в центрі почали проявляти надзвичайно агресивну й антисоціальну поведінку, фанатично захопившись картковою грою в стилі фентезі. Вона чула, як місцевий католицький єпископ застеріг батьків, порадивши їм тримати своїх дітей якнайдалі від цієї гри, тож уважно вивчила її зміст. Виявилося, що столицею вигаданого світу було Місто сатани, а головний герой часто повторював фрази на кшталт: *«Я ніколи тебе не прощу!»* Психологиня встановила зв'язок між поведінкою дітей та окультними силами, що стояли за цією грою. Начебто щось заволоділо дітьми, і вони більше не могли впоратися з тим, що відбувається, на природному й психологічному рівнях. Жінка попросила нас прийти й помолитися за звільнення дітей. Ми зрозуміли, що діти вступили в прямий контакт із демонами, зображеними на ігрових картках. Ми помолилися разом із ними молитвами про звільнення, і вони отримали свободу. Діти перестали бути агресивними, повернулися до своїх груп, і їхня поведінка покращилася!

Прокляття

Є різні види проклять, які впливають на дітей. Слова можуть приносити в життя дитини благословення або прокляття, оскільки, як сказано в Біблії, життя і смерть у владі язика (див.: Приказки 18:21). Звертайте увагу на те, що ви говорите дітям і що їм кажуть інші. Висловлювання, як-от: «Ти ніколи не будеш добре вчитися в школі!» або «Ніхто ніколи не захоче з тобою одружитися!» — можуть діяти як прокляття в житті дитини, яке блокує її саме в цій сфері.

Інші прокляття можуть бути накладені на дітей за допомогою ритуалів або заклинань, мета яких — викликати нещасні випадки, чвари, передчасну смерть, раптову хворобу тощо. Прокляття можуть передаватися з покоління в покоління внаслідок «вікон», що їх відчинили предки. Нас можуть проклясти знайомі, або невідомі вороги, або суперники, або сатаністи, що ведуть духовну війну проти всіх християн. Сім'ї, які активно йдуть за Христом, а також ті, хто перебуває на передовій служіння, є особливими мішенями: нам довелося зруйнувати чимало проклять, посланих на нас і наших дітей. Вони проявлялися у вигляді раптової лихоманки та незрозумілої важкості й депресії, які зникали після молитви.

Усупереч думці деяких людей, прокляття можуть впливати й впливають на християн, однак нам не треба боятися цього. Пам'ятайте: ми беремо участь у духовній битві. Війну виграно, але диявол і його союзники атакуватимуть нас до самого кінця. Проломи в нашій броні, як-от обра́зи, страхи, гріхи, розлад або сварки між батьками, роблять нас уразливішими для проклять. Якщо таке сталося у вашій родині, покайтеся й виправте ситуацію. Спокійно зруйнуйте прокляття, яке ви визначили, в ім'я Ісуса Христа. Стійте на тому, що Син Божий став прокляттям за нас на хресті (див.: До Галатів 3:13). Ухваліть тверде рішення знову мати близькі стосунки з Ісусом і виробіть звичку щоденно просити про захист крові Христа для себе й своєї сім'ї.

Після руйнування прокляття зникають головні болі

У дитинстві Естер часто страждала від головного болю. Лікарі провели обстеження, але нічого не виявили. Незважаючи на численні молитви про зцілення, змін не відбувалося. Одного разу, коли їй було одинадцять, під час зібрання в їхньому домі в її свідомості постало обличчя беззубого чоловіка на ймення, якого вона ніколи не чула. Батько Естер пригадав, що багато років тому чоловік із таким ім'ям недовго працював із ним у Кенії. Він мав погану вдачу й через деякий час у гніві покинув місію. Мабуть, той чоловік прокляв Естер, можливо, тому, що вона була наймолодшим і найслабшим членом сім'ї. Разом із батьками вона простила йому та зруйнувала прокляття в ім'я Ісуса. Головний біль став не таким сильним, а вчителька недільної школи зауважила, що тепер Естер навіть мала інший вигляд.

Миттєве відновлення підлітка

Одне подружжя привело до нас свою шістнадцятирічну доньку Олівію. Дівчина раптом почала поводитися й говорити, як восьмирічна дитина. Ніхто не знав причини. Було очевидно, що Олівію прокляли. Вона згадала, як одного разу після школи якась жінка зустріла її біля автобуса й запропонувала напій. Олівія випила його, і її особистість змінилася. Жінка виявилася колишньою коханкою її батька. Намагаючись помститися йому, знищивши його доньку, вона прокляла дівчину через напій.

Олівія пробачила батькові зраду й пробачила своїй проклинательці. Вона зреклася демонів, які вселилися в неї через напій. Ми зруйнували прокляття в ім'я Ісуса Христа й веліли пов'язаним із ним демонам залишити дівчину. Вони проявили себе й пішли. Здоровий глузд і нормальна мова одразу ж повернулися до Олівії. Її батьки плакали від радості разом із нею, коли побачили, що дівчина знову стала собою.

Домінування, контроль або маніпулятивні стосунки

Бог створив стосунки для нашого збагачення. Здорові стосунки зближують нас із людьми та допомагають проявляти наші найкращі якості. Однак іноді люди намагаються змусити нас робити те, що їм хочеться (домінування або контроль), або використовують нас, щоб отримати бажане (маніпуляція). Замість того щоб дати нам відчуття свободи, ці стосунки нас зв'язують. Ми не почуваємося абсолютно вільними й стаємо немов прив'язані до цієї людини невидимими мотузками. Приміром, таке може статися з братами й сестрами або з друзями. Контроль і маніпуляція нагадують чаклунство, яке прагне використовувати духовну силу, щоб упливати на інших людей і ситуації. Як і чаклунство та окультизм, такі стосунки можуть відчинити «вікно» для демонів.

Нормальним складником дорослішання є наука висловлювати власну думку та встановлювати здорові межі між собою та іншими. Однак якщо в житті деяких людей є щось, що може чинити на вашу дитину духовний вплив, який контролює або домінує, з цим треба боротися в молитві. Попросіть Ісуса перерізати «мотузки», що зв'язують вашу дитину з іншою людиною. Уявіть, як Він робить це велетенськими ножицями. Якщо діти все ще не почуваються вільними, застосовуйте молитви про звільнення, подані в наступному розділі, які допоможуть упоратися з духами домінування, маніпуляції чи контролю.

Пауза для роздумів

Чи є в житті вашої дитини «відчинені вікна»? Якщо так, то які кроки можна зробити, щоб зачинити їх?

Попросіть Бога підготувати серце та розум вашої дитини й дати вам можливість звільнити її.

22

ВИПУСКАЄМО ДІТЕЙ НА СВОБОДУ

Молитви про звільнення

Ісус сказав, що вигнання демонів буде однією із ознак, які супроводжують тих, хто вірить у Нього (див.: Марка 16:17). Тому як батьки-християни ми маємо владу звільняти наших дітей. Вигнати духовних загарбників, або демонічних духів, з нашого життя — значить позбавити їх права перебувати в нас або в наших дітях і дати їм зрозуміти чітко без двозначностей, що вони більше не мають дозволу залишитися. Іншими словами, стояти на тому, що Ісус Христос переміг сатану і його демонів на хресті, і використовувати Його владу, щоб вигнати їх із нашого життя.

Щойно дитина стає достатньо дорослою, щоби проявляти свою волю, їй треба повірити в Ісуса, прийняти Його своїм Господом і Спасителем[24] і долучитися до процесу звільнення. Для цього ви

---

[24] Інформацію про те, як допомогти дитині прийняти Ісуса, ви знайдете в розділі «Додаткові матеріали».

можете скористатися наведеними нижче кроками молитов про звільнення. Пояснення та приклади, викладені в наступній частині розділу, допоможуть вам упевнено використовувати цей потужний інструмент.

МОЛИТВИ ПРО ЗВІЛЬНЕННЯ

1. Скажи Господу Ісусу, від чого ти хочеш звільнитися.
2. Якщо це прийшло у твоє життя через учинок іншої людини, прости її. Якщо в тому, що відбувається, є твоя провина, попроси Ісуса простити тебе за те, що ти допустив/ла це у своєму житті.
3. Накажи цьому піти в ім'я Господа Ісуса.

Ти можеш сказати…

1. «**Ісусе,** я хочу звільнитися від ________».
2. «**Будь ласка,** прости мене за ________».
3. «**Я наказую** ________ піти в ім'я Ісуса Христа!»

«Ісусе, дякую за те, що звільнив мене!»

Крок 1. Скажи Господу Ісусу, від чого ти хочеш звільнитися.

Батьки немовлят і маленьких дітей мають владу в духовній сфері називати те, від чого немовляті слід звільнитися, і наказати цьому піти. Але щойно дитина стає достатньо дорослою, щоб говорити й виявляти свою волю, заохочуйте її висловлюватися й формулювати якомога чіткіше, від чого вона хоче звільнитися.

Якщо дитина не хоче звільнятися, не примушуйте її і не намагайтеся зламати її волю. Заступайтеся за дітей на відстані, зв'язуючи демонічних духів, які турбують їх (див.: Марка 3:27). Просіть Бога допомогти вашій дитині захотіти звільнитися, а також дати вам сприятливий момент, щоби поговорити й помолитися разом із нею про свободу.

Крок 2. Якщо це прийшло у твоє життя через учинок іншої людини, простіть їй. Якщо в тому, що відбувається, є твоя провина, попроси Ісуса простити тебе за те, що ти допустив/ла це у своєму житті.

Коли ви просите в Бога прощення за гріх, який відкрив демонічному духу доступ до вашого життя, то виносите його на світло, де Бог може з ним розібратися. Прощення Господа очищає вас і руйнує владу цього гріха у вашому житті, а це позбавляє демона права залишитися.

Якщо злий дух увійшов унаслідок чийогось учинку (наприклад, жорстоке поводження, відмова від дитини, нещасний випадок через недбалість), то дитині не треба просити прощення за гріх — вона не зробила нічого поганого. Але їй важливо пробачити тій людині. Багато дітей виявляють дивовижну готовність і здатність прощати іншим. Однак якщо дитина з якоїсь причини не хоче прощати, навряд чи її вдасться зараз звільнити. Злий дух сприйме це непрощення як дозвіл залишитися. Подумайте, чи не потребує така дитина зцілення від завданих образ або розмови про суть і важливість прощення.

Крок 3. Накажи цьому піти в ім'я Господа Ісуса.

Уявіть собі вчителя, який входить до класу й каже: «Той, хто кинув камінь у вікно наукової лабораторії, зараз же вийди з класу!» Дитина, яка завинила, навряд чи встане й вийде. Вона розуміє, що вчитель не знає, хто розбив вікно. А тепер уявіть, що натомість учитель каже: «Леоне, містер Воттс бачив, як ти вчора після уроків кинув камінь у вікно наукової лабораторії й розбив шибку. Він чекає на тебе у своєму кабінеті. Іди!» Леон усвідомлює, що його викрито. Він не може сховатися в натовпі або прикинутися, що вчитель звернувся не до нього. Його ім'я й учинок відомі. Він не має іншого вибору, окрім як підкоритися та залишити клас.

Так само, коли ми молимося про звільнення, треба чітко назвати духа, якого ми виганяємо. Просто назвіть його тим самим ім'ям, що й проблему, ситуацію чи хворобу, яку він зумовлює, і вкажіть, яким чином він пробрався всередину. Наприклад, якщо дитина бореться зі страхом після перегляду фільму жахів, нехай скаже: «Я наказую страху, який увійшов у мене через фільм жахів, негайно вийти з мене в ім'я Ісуса Христа!»

Звертайтеся безпосередньо до проблеми (демона) і скажіть, тобто накажіть йому піти в ім'я Ісуса. Не залишайте йому вибору, не просіть і не благайте його піти. Не просіть Христа вигнати злого духа за вас — це ваша робота. Пам'ятайте, Син Божий виконав Свою частину роботи й тепер сидить праворуч від Отця. Завдання виганяти демонів в Його ім'я, або від Його імені, було передано нам (див.: Марка 16:17). Коли наказуєте духу піти, говоріть спокійно й рішуче. Не треба підвищувати голос під час молитов про звільнення. Крик не наділить вас більшою силою й не змусить демона коритися вам, а лише налякає малу дитину або збентежить підлітка.

Під час молитов про звільнення

Моліться про звільнення, поки демон не вийде. Під час молитви дитина чи підліток може відчути прояв на фізичному рівні, бо дух дає про себе знати й готується вийти. Це може бути тиск усередині, відчуття, що щось стрибає в животі, головний біль, почуття збентеження, страху, нудота або фізичний біль. Дух часто виходить через позіхання, кашель чи відрижку або просто коли його прояви слабшають і замість них приходить відчуття легкості або спокою. Наказуйте демону піти, поки його прояви повністю не зникнуть, а дитина не почуватиметься краще.

Подякуйте Ісусові за звільнення. Наша свобода здобута дорогою ціною — ціною життя нашого Господа, яке Він віддав у жертву за нас на хресті. Він заслуговує на нашу сердечну подяку й хвалу! Завершіть молитву, попросивши Його знову наповнити вас Своїм Святим Духом (див.: До Ефесян 5:18).

Анна (вісім років) молиться про звільнення

Ми пам'ятаємо Анну з попереднього прикладу. Глибоко в серці дівчинки чаїться гнів на матір, яка покинула їх багато років тому. Це почуття спричинює агресивну поведінку й призводить до того, що дитина потрапляє в усілякі неприємності. Уявімо, що Анна вже отримала від Ісуса зцілення від болю, заподіяного матір'ю, і пробачила їй, застосувавши молитви про зцілення. Дівчинці досі бракує мами, однак вона розуміє, що гнів нічого не змінить, а лише завдасть ще більше болю. Вона хоче звільнитися від гніву.

Тато: «Хочеш звільнитися від цього гніву?»

Анна: «Так, хочу».

Тато: «Розкажімо Богу, що ти злишся, оскільки мама покинула нас».

Анна: «Гаразд. Любий Господи, я дуже злюся на маму за те, що вона покинула нас. Здається, я не можу припинити гніватися, але більше не хочу цього. Я хочу бути вільною!»

Тато: «Ти вже простила мамі, і Господь забрав твій біль, пам'ятаєш? Ти готова попросити в Господа прощення за те, що відчувала гнів і кривдила людей, коли злилася?»

Анна: «Так. Господи Ісусе, прости мені гнів і те, що кривдила людей, коли злилася. Будь ласка, прости мені!»

Тато: «Тепер ти можеш наказати гніву залишити тебе в ім'я Ісуса Христа».

Анна: «Гніве, я наказую тобі піти з мого життя в ім'я Ісуса Христа!»

Під час молитви Анна відчула важкість у животі. Вони з батьком молилися, аж поки важкість не зникла.

Тато: «А тепер подякуймо Ісусу за те, що Він звільнив тебе».

Анна: «Дякую Тобі, Господи Ісусе, що звільнив мене!»

Інші ключі до свободи

Молитви за свободу — це потужний інструмент, яким ви можете скористатися, щоб звільнити свою дитину. У вашому розпорядженні є також інша зброя для перемоги над ворогом:

- **Слово Боже** (див.: Матвія 4:4).

- **Покора Богу й рішення чинити спротив супернику** (див.: Якова 4:7).

- **Боже доручення** (див.: Марка 16:17).

- **Щит віри** (див.: До Ефесян 6:16).

- **Кров Ісуса й наша усна угода з Богом (слово свідчення)** (див.: Об'явлення 12:11).

- **Ім'я Ісуса** (див.: Луки 10:17).

- **Любов Божа** (див.: 1 Івана 4:18).

ПОЄДНУЄМО МОЛИТОВНІ ІНСТРУМЕНТИ

Чому потрібні і зцілення і звільнення

Садівники скажуть вам, що для того, щоби позбутися бур'янів, треба виполоти їх цілком. Якщо позбутися лише тих частин, які ви бачите, сад доволі швидко набуде красивого та охайного вигляду. Проте якщо ви не приділите час виполюванню коріння, можете бути певні — скоро бур'ян з'явиться знову. Він просте з тієї частини рослини, яка залишилася в ґрунті.

Так само якщо ми зцілюємо емоційний біль дитини, не розібравшись з її реакціями на нього, або не виганяємо демонів, які прийшли з цим болем, дитина, можливо, і почуватиметься краще, проте насправді не буде вільною. Але якщо ми поєднуємо різні молитви, як садові інструменти, то здатні ефективно впоратися з різними частинами проблеми на глибокому рівні. У цьому розділі ми розглянемо приклад такого підходу.

Приклад поєднання молитов для подолання відкинення

Пам'ятаєте семирічного Ноя, про якого ми розповідали раніше? Друг Джо та інші діти в школі глузували з його ніг і вух, чим дуже скривдили хлопчика. Мама помітила це, коли він повернувся додому зі школи. А тепер уявімо інше: жінка дізнається, що ті насмішки були не вперше. Останнім часом Джо та його приятелі знущалися з Ноя досить часто. Ной плекав свою образу й підживлював її, унаслідок чого став дуже агресивним удома. Батьки, бачачи це, спробували розібратися й докопатися до причин проблеми. Коли якось перед сном Ной нарешті розповів про те, що відбувається, тато й мама запропонували синові разом помолитися.

Може здатися, що ми занадто все спрощуємо, тому наводимо розширений приклад того, яким може бути поєднання різних духовних інструментів. Очевидно, що коли йдеться про об'єднання кількох молитов, якими ви молитеся разом із вашою дитиною, вам доведеться реагувати на те, що вона говорить, відчуває (або не відчуває). Сюди можна додати розмову чи молитву про конкретні речі, які турбують дітей, і тільки вже потім переходити до наступного кроку, або ж дати час для вивільнення емоцій тощо. Пам'ятайте: ваше завдання як батьків не квапити дитину й не казати їй, що вона має або не має відчувати, а бути каналом Божої зцілювальної любові, мудрості та благодаті.

Іноді про те, що трапилося, треба розмовляти й молитися кілька разів, особливо якщо образа сидить глибоко й уже почала впливати на поведінку та думки дитини. Молитви та приклади, що ми пропонуємо, є основою, яку ви можете використати, щоб допомогти вашій дитині отримати зцілення та свободу.

Почнемо з такого інструменту, як молитва про звільнення від болю.

Тато: «Хочеш розповісти Ісусу про те, що болить тобі всередині, так само, як ти щойно розповів мені?»

Ной: «Хочу. Ісусе, мені страшенно боляче, бо Джо наговорив мені купу поганих речей. Мені здавалося, що він мій друг, але тепер я навіть не знаю, чи взагалі йому подобаюся. Він завжди жахливо зі мною поводиться. Мабуть, я нікому в школі не подобаюся. Я такий дурень!»

Тато: «Поклади руку на серце й попроси Господа Ісуса зцілити твій біль».

Ной: «Прошу Тебе, Господи Ісусе, зціли цей біль, я знову хочу почуватися добре».

Тато: «Як ти почуваєшся зараз?»

Ной: «Краще. Я вже не почуваюся так погано».

Тато: «Можеш пробачити Джо та іншим дітям те, що вони зробили?»

Ной: «Так. Я прощаю Джо образливі слова. Я прощаю іншим дітям те, що вони сміялися з мене».

Якщо Ной хоче пробачити, але не може, можливо, йому треба звільнитися від непрощення. Батьки можуть запропонувати йому помолитися про звільнення.

Мама: «Накажи непрощенню піти з твого життя в ім'я Ісуса».

Ной: «Я наказую непрощенню піти в ім'я Ісуса. Я хочу пробачити, як Христос пробачив мені!»

Ной розбирається з негативною реакцією на образу, застосовуючи молитви про реакцію.

Тато: «А якщо сказати Господу Ісусу, що ти шкодуєш про те, що тримав у серці погані почуття до своїх кривдників? Попроси Його забрати ці нехороші почуття».

Ной: «Господи Ісусе, я шкодую, що ненавидів свого друга Джо та інших учнів за те, що вони мені говорили. Будь ласка, пробач мені й забери цю ненависть».

Тато: «Якщо ти все ще маєш погане почуття, то можеш наказати духу (гніву, ненависті, відкинення або чогось іншого — того, що ти відчуваєш) забиратися геть в ім'я Ісуса».

Ной: «Я наказую духу ненависті забиратися геть в ім'я Ісуса!»

Можливо, Ной почав відкидати себе через цькування, тому він застосовує молитви про звільнення, щоби позбутися відкинення себе.

Мама: «Хочеш поговорити з Ісусом про те, що ти думаєш про себе?»

Ной: «Ісусе, іноді я собі не подобаюся, коли думаю про те, що мені говорили ті діти. Я знаю, що Ти любиш мене. Прости мені, будь ласка».

Мама: «Як ти почуваєшся зараз?»

Ной: «Я знаю, що Ісус любить мене, але я сам собі не подобаюся!»

Мама: «А ми скажемо тому духу, який нашіптує тобі цю брехню, що ти більше не хочеш його слухати, тому хай забирається з твого життя в ім'я Ісуса!»

Ной: «Гаразд. Я наказую цьому духу, який говорить мені погані речі про мене, щоб він пішов геть в ім'я Ісуса!»

Примітка. Дитина, яка пройшла через служіння зцілення та звільнення, може потребувати допомоги, щоб навчитися жити у свободі й рухатися далі. Наприклад, вона звільнилася від неприйняття себе, але все ще має звичку думати погано про себе, і тепер їй треба навчитися нового способу мислення й поведінки. Про те, як допомогти дітям залишатися у свободі та рухатися далі, ми ділимося в розділі «Додаткові матеріали».

Подальші можливі кроки

Нарешті, пам'ятайте, що проблеми можуть бути взаємопов'язаними. Крім використання комбінації п'яти основних молитов про зцілення та звільнення, вашій дитині також може знадобитися:

— Розірвати нечестиві емоційні та духовні зв'язки. Скажи Богові, що більше не хочеш бути прив'язаний до іншої людини, не хочеш, щоб вона тебе контролювала. Уяви, як Ісус розрізає мотузки та звільняє тебе. Застосуй молитви по звільнення й накажи всякому духу контролю або домінування, що діє через цю людину, відступитися від тебе.

— Отримати фізичне зцілення. Поклади руку на ту частину тіла, яка потребує зцілення, і попроси Ісуса зцілити тебе (див.: Марка 16:18).

— Навчитися протистояти. Читай Слово Боже й завчай вірші з Біблії напам'ять. Старайся догодити Господу своїми думками, словами, вчинками й тим, що ти переглядаєш. Ретельно вибирай собі друзів.

Пауза для роздумів

Перегляньте п'ять молитов про зцілення та свободу (див. стислий виклад на с. 192—194).

Як ви можете адаптувати цей приклад, щоб це допомогло вам молитися зі своєю дитиною про зцілення та свободу?

ДОДАТ КОВІ МАТЕ РІАЛИ

ДОПОМОЖІТЬ ДИТИНІ ПРИЙНЯТИ ІСУСА

Євангелія з п'яти кольорів

П'ять простих кольорів допоможуть дітям зрозуміти, Хто такий Ісус, що Він зробив для них і як вони можуть повірити в Нього й прийняти Його у своє життя. Чарльз Сперджен використав наведений нижче підхід у своєму посланні до кількох сотень сиріт 1866 року. Сьогодні є безліч варіантів використання кольору для проповіді Євангелії. Ось наш:

Колір	Нагадує нам	Євангельська істина	Вірші з Біблії
Жовтий	Золото, сонце, тепло, смайлики	Бог любить нас! Його любов до нас ніколи не закінчиться. Він готує для нас місце на Небесах.	Єремії 31:3 Івана 14:2
Чорний	Темрява, пітьма, плями на сторінках	Усі наші слова, думки та емоції, які не подобаються Богові, називаються гріхом. Гріх відокремлює нас від Господа й веде до смерті. Усі люди, і ти також, згрішили. Ми безсилі виправити це.	До Римлян 3:23 Ісаї 59:2

Колір	Нагадує нам	Євангельська істина	Вірші з Біблії
Червоний	Ісус пролив Свою кров, коли помер на хресті	Ісус — Син Божий. Він став людиною, але ніколи не грішив. Христос узяв наш гріх і покарання за нього на Себе, коли помер на хресті. Він зробив це добровільно. Ісус воскрес із мертвих і сьогодні живий!	Івана 3:16 1 до Коринтян 15:3-4
Білий	Чистий аркуш паперу	Ісус забирає наш гріх і дає нам вічне життя. Ми можемо повірити й прийняти Його. Сам Бог запрошує нас зробити цей крок.	Івана 1:12 Об'явлення 3:20

Приділи деякий час, щоб відповісти на Боже запрошення своїми словами або молитвою:

Любий Господи Ісусе, дякую за те, що Ти мене любиш. Дякую, що Ти помер за мене на хресті. Дякую, що Ти живий сьогодні. Будь ласка, увійди в моє життя й прости мені всі мої гріхи. Я хочу бути Твоїм другом назавжди. Амінь!

Колір	Нагадує нам	Євангельська істина	Вірші з Біблії
Зелений	Трава, те, що росте	Подібно до того, як ростуть рослини, так і ми можемо рости у своїй вірі. Це відбувається, коли ми розмовляємо з Богом, читаємо Його Слово (Біблію), ходимо до церкви, щоб дізнаватися більше про Ісуса та спілкуватися з людьми, які люблять Його, просити в Нього прощення та прощати іншим, коли це потрібно.	2 Петра 3:18 1 Івана 1:9

ПОКРАЩТЕ СПІЛКУВАННЯ

Десять способів зблизитися з дитиною

Спілкування — це ключ до дому, що зцілює. Ваша дитина з більшою ймовірністю відкриється вам, якщо вона звикла розмовляти з вами та проводити з вами час. Зробіть своїм пріоритетом побудову стосунків «серце-до-серця», в яких діти розуміють, що їх люблять, чують і захищають. Ось кілька ідей, які вас надихнуть.

1. Почніть з малого, почніть сьогодні

Ніколи не рано почати спілкуватися зі своєю дитиною. Ще ненароджений малюк здатний чути й реагувати на ваш голос уже з шістнадцятого тижня вагітності. Розвиваючись, він може відповісти на постукування пальцем по животі матері кількома своїми поштовхами! Також ніколи не пізно знайти способи більше спілкуватися зі старшою дитиною. Якщо для вас це щось нове, почніть із невеликих кроків, наприклад напишіть дитині записку з побажанням гарного дня або розпитайте її про те, як минув день.

2. Будьте щедрими на обійми та поцілунки

Діти потребують фізичного контакту, тому не забувайте частіше обіймати їх із найпершого дня. Хоча старші хлопчики можуть не цінувати проявів ніжності на людях, це не означає, що вони не цінують обійми вдома або погладжування спини перед сном.

Дівчата-підлітки особливо потребують обіймів батька.

3. Читайте та обговорюйте історії

Зосередьтеся на почуттях та емоціях, які переживають персонажі, щоб для вас стало природним говорити разом із дітьми про почуття. Пов'яжіть історію з досвідом вашої дитини, ставлячи запитання на кшталт: «Ти коли-небудь відчував страх, як X у нашій історії, коли трапилося Y?» або «Пам'ятаєш, коли ти загубив свого плюшевого ведмедика, тобі теж було сумно, хоча потім ми знайшли його, і ти так зрадів?..»

4. Їжте разом

Якщо це можливо, їжте разом хоча б один раз на день. Сідайте до столу, вимкнувши телевізор, мобільні телефони тощо. Почніть із молитви, подякуйте Богові за їжу й попросіть Його благословити ваше спілкування. Розпитайте дитину про її день і розкажіть, як минув ваш. Дітям цікаво, чим займаються дорослі! Спрямовуйте розмову на теми, що підбадьорюють і зміцнюють віру, і уникайте негативу, пліток і критики.

5. Сімейне поклоніння

Плануйте щодня проводити разом час із Богом. Для себе ми зрозуміли, що гарний час для сімейного поклоніння — одразу після їди (перед тим як прибрати зі столу). Нехай воно триває недовго, проте будьте готові до подальшого спілкування, якщо дискусії стануть цікавими й діти захочуть цього. Почніть із читання уривка або ключового вірша з Біблії. Ми тримаємо коробку з тридцятьма ключовими віршами біля столу. Навіть тепер, через роки, наші хлопчики із задоволенням дістають їх і знають багато віршів напам'ять. Приділіть деякий час роздумам над Писанням. Потім запитайте, чи хоче хтось поділитися думками щодо прочитаного. Дивовижно, як багато глибоких дискусій про віру відбулося в нас із хлопчиками в такій невимушеній обстановці. Наприкінці помоліться разом, подякувавши Богові за те, Хто Він є, і попросіть Його про особисті та загальні потреби.

6. Розважайтеся разом

Щотижня знаходьте час для чогось веселого й цікавого, що можна робити всією сім'єю. Це не має потребувати витрат і займати весь день. Це може бути щось просте, як-от гра чи прогулянка в парку, проте може передбачати частування в кафе чи якусь екскурсію. Не піддавайтеся спокусі запросити із собою інших дорослих або дітей. Ідеться про час, який проводите разом лише ви та ваша дитина.

7. Час сам-на-сам

Якщо у вас кілька дітей, постарайтеся час від часу спілкуватися з кожним із них окремо. Вражає, як спілкування сам-на-сам може допомогти дитині розкритися. Саме під час такого обіду наш син несподівано сказав Деніелу, що йому здається, що він помирає. Він намацав у себе на грудях кістку, яку раніше не помічав, і його восьмирічний розум припустив найгірше. До цього ми навіть не підозрювали, що наш син узагалі про щось турбується. Але момент, коли батькова увага належала лише йому, додав нашому хлопчику впевненості, і він поділився своїм страхом. Даніель зміг заспокоїти сина й запевнити його, що з ним усе цілком нормально.

8. Сімейна відпустка

Особливий час із сім'єю, як-от спільні свята та відпустка, дають унікальну можливість зблизитися й дізнатися, в якому стані перебуває ваша дитина. Ми виявили, що такий час допомагає нам підготуватися, на рівні стосунків, до близьких випробувань і пережити труднощі напруженого робочого графіка. Можливо, після цього ви відчуєте, що вам потрібен відпочинок (ситуація може загостритися), але стосунки зміцнюватимуться. Якщо вам подобається їздити у відпустку з іншими сім'ями або друзями, подбайте, щоб це відбувалося не щоразу.

9. Керуйте переглядом ЗМІ й надавайте перевагу альтернативам

Електронні пристрої та медіа можуть як заважати, так і допомагати спілкуванню вдома. Контроль над ними потребує продуманості, дисципліни та регулярного моніторингу. Заохочуйте творчі й активні хобі дитини, як-от спорт, музика, читання, рукоділля, ігри та волонтерство — те, що пробуджує її інтерес до навколишнього світу. Долучайтеся до них, коли це потрібно й доречно, і розмовляйте з дитиною про її почуття та враження. Шукайте нові заняття, у яких ви зможете брати участь разом із дитиною.

10. Смійтеся разом

Кажуть, що сміх — найкращі ліки. Насправді це біблійний принцип із Книги Приказок 17:22: *«Веселе серце як хороші ліки...»* Я зациклилася на своїй ролі матері та дружини. Але коли зрозуміла, що Бог — найщасливіша Особистість у Всесвіті, і що Він любить веселощі та сміх, то вирішила розслабитися й більше сміятися — сміятися над собою, з іншими (а не з них), і помічати кумедні моменти в житті. Коли моє ставлення змінилося, зникло чимало напруження, а наш дім став щасливішим і здоровішим.

ЩО ВІДБУВАЄТЬСЯ НАСПРАВДІ?

Установлюємо зв'язок між переживаннями в минулому й поведінкою сьогодні

Аналіз життя вашої дитини — від зачаття до сьогодення — допоможе краще зрозуміти, які переживання, ситуації та події (причини) з минулого можуть підживлювати поточні проблеми.

Робимо біографічний огляд

Крок за кроком згадайте життя вашої дитини. Запишіть усі значущі події, ситуації чи переживання, що якимось чином завдали їй болю, травмували або стали для неї випробуванням.

Почніть з обставин, пов'язаних із зачаттям вашої дитини, з того, як складалися стосунки між вами й біологічним батьком / матір'ю вашої дитини. Як ви відреагували на новину про близьке поповнення? Ви обоє хотіли дитину? Чи хотіли ви дитину на той момент у вашому житті?

Згадайте всі дев'ять місяців. Яким був перебіг вагітності? Чи було щось особливо стресове або складне у вашому житті в той час? Ви з радістю очікували народження дитини? Як ви відреагували на новину про стать дитини (якщо це було відомо)?

Псалом 139 описує ненароджену дитину як людину, яку Бог «*сформував в лоні матері*» (див.: Псалом 139:13). Під час зачаття дитина отримує дух і душу, а її тіло формується протягом вагітності. Дитина може мати емоції. На неї впливає те, що відбувається всередині та поза утробою матері, наприклад бажана вона чи її не хочуть. З'являється дедалі більше доказів того, що діти в утробі матері переживають цілий спектр емоцій, а також реагують на материнські почуття, як-от страх, біль, тривоги.

Незрозуміла депресія, відсутність бажання жити, почуття відкинення, що глибоко вкорінилося в серці, непотрібності й неприкаяності або невпевненості в собі — усе це в дітей і підлітків часто пов'язано з обставинами їхнього зачаття і перебування в материнській утробі. Чесний погляд на події того часу може стати ключем до їхнього зцілення сьогодні.

Тепер подумайте про народження дитини. Були пологи природними чи травматичними? Чи був присутній на них батько? Якою була ваша реакція, коли ви вперше побачили свого сина чи доньку?

Далі «перегляньте» період, коли ваша дитина була немовлям, потім — малюком до трьох років, далі дошкільнятком, після — школярем допідліткового віку, затим — підлітком, і до сьогоднішнього дня.

Обміркуйте молитовно кожний період життя вашої дитини:
- Чи відбувалося у вас як у батьків щось особливо напружене або важке (в житті та в стосунках) у той час?
- Які значні події та переживання, що завдали болю, трапилися в житті вашої дитини в той час?
- Які ситуації чи події могли зруйнувати природні захисні бар'єри вашої дитини й відкрити її для демонічної атаки?
- Чи були в її житті якісь «відчинені вікна», через які могли ввійти демони?

Виявляємо закономірності та зв'язки

Запишіть усі проблеми, з якими ваша дитина бореться сьогодні. Коли вони почалися? Порівняйте біографічний огляд життя дитини з вашими нотатками про поточні проблеми. Чи пов'язані хронологічно нагальні проблеми зі значущими подіями, записаними в біографічному огляді, або з людьми (їхньою діяльністю), з якими дитина стикалася? Чи відбувалося щось іще в житті вашої дитини до того, як ці проблеми виникли? Шукайте закономірності та зв'язки.

Що тепер?

Тепер, коли ви маєте чіткіше уявлення про те, що відбувається, і про можливі витоки проблем, почніть молитися про коріння, закономірності та зв'язки, які ви визначили. Розберіться зі своєю участю в будь-якій із виявлених вами проблем (для цього ви можете застосовувати молитви про зцілення та звільнення). Коли ви стаєте більш вільними, ваша дитина також автоматично отримує певну свободу.

Моліться за свою дитину й просіть Господа підготувати її, вказати вам правильний момент і дати слова, щоби поговорити й помолитися з нею про зцілення та звільнення.

Як багато варто розповідати?

Коли батьки встановлюють зв'язок між поточними проблемами й подіями минулого, вони часто запитують, чи варто розповідати своїй дитині про те, що трапилося. І якщо так, то наскільки детально треба описувати ситуацію / переживання?

Якщо ви виховуєте дитину одноосібно, запитання «Чому мама (чи тато) не живуть із нами?» може слугувати невимушеним початком для таких розмов. Або ж ви можете просто запитати більш дорослу дитину (підлітка), коли їй стало так сумно. Якщо вона не може згадати, запропонуйте разом помолитися та попросити Господа показати, коли все почалося.

Розмова з дитиною на болючі або травматичні теми потребує мудрості, чуйності й керівництва Святого Духа. Ви знаєте свою дитину краще за будь-кого з людей, а Святий Дух знає її ще краще. Будьте обережні й не обтяжуйте дітей інформацією, яку їм не треба знати, щоб зцілитися та звільнитися. Або тим, що може спричинити зайве напруження в наявних стосунках, наприклад, з іншим членом сім'ї.

МОЛИТВИ ПІД ЧАС ВАГІТНОСТІ

Ваші молитви мають життєво важливе значення

У Книзі пророка Єремії 1:5 ми бачимо, що Бог знає нас і має мету для нашого життя ще до нашого зачаття й народження:

Я обрав тебе ще до того, як тебе створив у материнському лоні. Перш ніж ти народився, Я освятив тебе...

У Псалмі 139:13, 15-16 ми читаємо, що Бог присутній у нашому житті під час зачаття. Слово говорить, що Він «*сформував мене в лоні моєї матері*» і спостерігає за всім процесом. Господь визначає дні нашого життя, наділяє нас цінністю, дає мету й долю. Навіть якщо обставини зачаття вашої дитини не були ідеальними, Бог усе одно бачить її. Він уклав у неї Своє життя й дав мету. Господь ставиться до дитини серйозно, як до особистості, до духу, душі й тіла якої Він може торкатися, а вона — відповідати Йому.

Зцілення та звільнення в утробі

Із перших днів вагітності ви можете молитися за свою дитину так, як Святий Дух веде вас. Попросіть Господа наповнити її своєю любов'ю та присутністю й допомагати їй досконало розвиватися на кожному етапі вагітності. Ви можете молитися конкретно про зцілення та звільнення від відомих вам проблем, здатних вплинути на вашу дитину. Ось кілька прикладів[25].

Якщо ви знаєте, що у вашій родині є хвороби, зокрема й алергії, застосуйте молитви про звільнення, щоб виступити проти них і наказати їм залишити вашу дитину.

Якщо хтось із батьків не хотів дитини, попросіть у Бога прощення за свою частину провини й пробачте одне одному. Віддайте Йому свої страхи й тривоги та отримайте Його мир і забезпечення. Вирішіть для себе прийняти дитину й подякуйте Богові за її життя. Помоліться про зцілення, просячи Господа забрати будь-який біль і образу й наповнити її Своєю любов'ю. Накажіть духу відкинення або травми, який намагається закріпитися в житті дитини, піти геть.

Якщо ви пережили шок або травму, моліться про зцілення та звільнення; моліться за себе, також додайте до молитов вашу ненароджену дитину. Попросіть Бога наповнити її миром і радістю.

Боротьба з демонічними атаками

Щодня моліться про захист вашої майбутньої дитини. Рішуче протидійте будь-яким природним або демонічним атакам на її здоров'я чи розвиток. Ось два приклади для підбадьорення.

Запобігання викидневі

Якось уночі, коли Естер була вагітна нашим другим сином і була вдома сама, вона раптом відчула, що ось-ось утратить дитину. Вона запитала Господа, як їй молитися, і зрозуміла, що відбувається демонічна атака на життя нашого малюка. Тоді Естер почала чинити опір фізичним симптомам і застосовувала молитви про звільнення, щоб узяти владу над кожним демонічним духом, який нападав на нашу дитину й намагався спровокувати її передчасну смерть. Естер молилася приблизно годину, поки я не повернувся додому й не долучився

---

[25] Щоб отримати більше інформації та настанов у систематичній молитві за дитину під час вагітності, ми рекомендуємо книжку Френсіс і Джудіт Макнак *Praying for your unborn child*.

до неї в молитві. Через десять хвилин Естер почувалася абсолютно здоровою! Далі вагітність проходила без ускладнень і проблем, а ми регулярно дякували Богові за те, що *«навчає мої руки до битви, — мої пальці — тримати зброю»* (див.: Псалом 144:1). Тому ми змогли розпізнати атаку й відбити її.

Перемога над генетичним захворюванням

Одне подружжя дізналося жахливу новину — у їхньої майбутньої дитини виявили генетичне захворювання. Список можливих проблем і прогнози звучали жахливо: у кращому разі дитині буде дуже важко навчатися у звичайній школі. У гіршому — вона народиться інвалідом і не зможе ходити. Коли ми молилися разом, Господь нагадав подружжю слова їхнього сусіда: «Ви вже маєте двох здорових дітей, навіщо випробовувати долю?!» Бог показав їм, що через сказане в них укорінився страх, що дитина може бути ненормальною, унаслідок чого відчинилося «вікно» для демонічної атаки. Вони покаялися у своєму страху, пробачили сусідові й наказали духам, які намагалися викликати аномалії розвитку, залишити їхню дитину. Мати відчула рух в утробі, після чого злий дух покинув її. Протягом усієї вагітності вони живили свою віру Божим Словом і спиралися на Його обітниці про зцілення — навіть тоді, коли в діагнозі не було очевидних змін. Але коли дитина народилася, з довгого переліку прогнозованих проблем у неї виявили тільки одну, яку усунули хірургічним шляхом. Надалі малюк розвивався нормально. Кілька років по тому лікарі визнали, що хлопчик повністю здоровий, і зняли його з обліку.

АДАПТАЦІЯ МОЛИТОВ ДЛЯ РІЗНИХ ВІКОВИХ ГРУП

Поради перед початком

Молитви про зцілення та звільнення ґрунтуються на вічних істинах і застосовні до дітей будь-якого віку. Просто пристосуйте мову до рівня розвитку вашої дитини й конкретної ситуації. Ось кілька помічних ідей.

Немовлята й малюки до трьох років

Молитися про звільнення маленьких дітей зазвичай легко. Білл Бенкс, досвідчений служитель у цій сфері, пояснює це тим, що *«...особистість дитини, яка живе в її душі, ще не прийшла до згоди зі злим духом. Писання говорить: "Хіба підуть двоє разом, якщо вони не домовилися?" (Амоса 3:3). Раннє звільнення, коли це потрібно, забезпечить здоровий розвиток духу, душі (розуму, волі, емоцій) і тіла та запобігатиме угоді з чужорідним духом або його прийняттю»*[26].

Ми рекомендуємо молитися, коли ви тримаєте дитину на руках або коли вона спить. Дитина може розплющити очі або ненадовго прокинутися, поки дух виходить із неї, а потім одразу ж заснути.

---

[26] *Deliverance for Children and Teens* by Bill Banks, p. 112, Impact Books, Kirkwood, 1989.

Якщо дух прийшов по родинній лінії і не був вигнаний з утроби матері, то тепер саме час помолитися молитвами про сімейні проблеми.

Дошкільнята (чотири — шість років)

Коли ви молитеся з маленькими дітьми, ваша мова має бути простою. Наприклад, ви можете сказати дитині, яку турбує дух страху: «Скажімо *тому*, що змушує тебе боятися, піти в ім'я Ісуса». Добре, якщо під час молитви ви триматимете дитину на колінах, якщо вона цього хоче. Малюк почуватиметься в безпеці та любові. Однак іноді діти можуть залізти під стіл чи ліжко або, наприклад, почати кричати, бо демонічний дух чинить опір молитві. Спокійно візьміть владу у своєму дусі над демонічною силою, що проявляється, і накажіть їй відпустити дитину.

Будьте лагідними, але рішучими. Коли демон виходить, діти можуть позіхати, кашляти або просто повеселішати й виявити бажання знову гратися.

Підготуйте маленьку дитину до молитви, розповідаючи їй біблійні історії про Ісуса, в яких основну увагу зосереджено на Його доброті, на тому, як Він любив людей, допомагав і зцілював їх, дозволяв дітям приходити до Нього й сидіти в Нього на колінах. Зверніть увагу дитини на красу творіння навколо, щоби показати, який Бог добрий і могутній. Зауважте, що хоча Господь великий, проте, як говорить Біблія, Він знає нас на ім'я й навіть те, скільки волосся в нас на голові. Бог цікавиться нашими домашніми тваринами й піклується про світ, який Він створив, посилаючи дощ і даючи нам їжу.

Трохи старші діти (сім — дванадцять років)

Система моральних цінностей і фундаментальне розуміння істини, чесності, справедливості, моралі та етики формуються в дитини зазвичай до досягнення нею дев'ятирічного віку. Починаючи з десяти років, більшість людей просто коригують свої погляди, не змінюючи за таких умов основних переконань[27]. Допоможіть дітям зрозуміти істини, які стоять за молитвами, і причинно-наслідковий зв'язок їхніх проблем.

Не варто чинити тиск на дитину, якщо вона не хоче молитися про звільнення. Не варто змушувати її молитися, бо може початися бунт. Якщо це ваша дитина, моліться й просіть за неї на відстані та проявляйте до неї безумовну любов.

Підлітки

Якщо протягом багатьох років ви закладали фундамент для стосунків «серце-до-серця» зі своєю дитиною, то для вас буде природно й далі говорити та молитися з нею про проблеми, навіть коли вона досягне підліткового віку. Тож не віддаляйтеся занадто рано! Ми дійшли висновку, що важливо призначати «зустріч» із нашими старшими підлітками, щоб обговорити проблему, яку вони розв'язують, і помолитися. Заохочуйте їх молитися про зцілення та звільнення дедалі частіше й самостійно.

Підлітки отримують величезну користь від допомоги та участі в їхньому житті інших людей. Крім дому, що зцілює, важливо мати в оточенні людей, які будуть прикладом для вашого підлітка — молодіжні лідери або благочестиві родичі можуть стати життєво важливими в ці важкі роки. Нехай щотижневе відвідування хорошої церкви стане вашим пріоритетом. Виберіть місце, куди вашому підлітку подобається ходити й де він може знайти хороших друзів-християн. За потреби відкладіть убік свої вподобання щодо богослужіння — духовні потреби вашого підлітка на цьому етапі важливіші.

Подумайте про те, щоб ваш підліток міг відвідувати хороші християнські табори, якщо це можливо. В особливій атмосфері табору підлітки часто відкриваються дорослим і одне одному. Наприклад, в літньому таборі, який відвідували наші сини, Святий Дух зійшов на

---

27 За результатами досліджень *Barna Group* (www.barna.org). Джордж Барна обговорює ці та інші цікаві відкриття у своїй книжці *Trans-forming Your Children Into Spiritual Champions*.

багатьох хлопців, звільнивши від затаєного болю одних і наповнивши величезною радістю серця других. Також заохочуйте підлітків молитися одне за одного. У тому ж таборі Господь сказав дванадцятирічному підлітку піти й помолитися за одного хлопця. Він покликав на допомогу нашого сина. Вони знайшли п'ятнадцятирічного підлітка на ліжку в сльозах. Хлопці запитали, що сталося, і той відкрився їм. Поділившись переживаннями з власного життя, вони змогли розрадити хлопчика та привели його до дорослого учасника команди для подальшої допомоги. Відтоді життя хлопця змінилося.

Якщо стосунки між вами й вашим підлітком напружені або навіть розірвані, то може бути доречно, щоб служитель-консультант, якому ви довіряєте, регулярно спілкувався з вашою дитиною і допомагав їй розібратися з проблемою. Поважайте їхнє особисте життя й не намагайтеся тиснути на підлітка чи консультанта, щоб вони поділилися деталями розмови. Ваш підліток має відчувати, що може відкритися комусь і бути впевненим, що інформація не стане відома вам! Якщо ви опинилися в такій ситуації, найімовірніше, вам не завадить паралельне консультування, щоб розв'язати будь-які пов'язані з цим питання у вашому власному житті. Коли ви обоє отримуватимете більше свободи, ваші стосунки одне з одним почнуть поліпшуватися.

ЗЦІЛЕННЯ ВІД СЕКСУАЛЬНОЇ ВРАЗЛИВОСТІ

Концепція відновлення

Більшість дітей сьогодні зростають у дуже сексуалізованому світі. Їм потрібна допомога в навігації сексуальними «мінними полями», які потенційно можуть вибухнути просто перед ними й залишити шрами та рани. Вони також потребують досить сильних батьків, здатних підтримати, якщо щось піде або вже пішло не так. Діти, зломлені в сексуальному плані або які борються із сексуальними гріхами, наприклад заходять надто далеко у фізичних стосунках із хлопчиком або дівчинкою чи захопилися порнографією, часто почуваються недостойними й ненавидять себе.

Історія Джейка

Джейк розповів, що в церкві постійно тинявся на задвірках. Йому хотілося брати участь у житті общини й бути разом з іншими підлітками, але він почувався недостойним через пристрасть до порнографії. Ми пояснили йому, як можна сповідати свій гріх і отримати Боже прощення. А потім звільнили його від демонів, які ввійшли в нього через те, що він переглядав. Потім ми почали обговорювати стратегії, які допомогли б уникнути спокуси, і підбадьорювали його зосередитися на утвердженні своєї ідентичності як сина Божого. Джейк усвідомив: не треба бути досконалим, щоб стати частиною церковної спільноти, — і почав служити Богові своїми дарами.

Будьте поряд із дитиною

Деякі християни вважають, що сексуальні гріхи є окремою категорією жахливих гріхів. Однак насправді вони необов'язково гірші за інші гріхи. Радше глибокий зв'язок між інтимними стосунками та ідентичністю людини робить такий гріх потенційно більш руйнівним, а його наслідки — більш далекосяжними, ніж в інших гріхів. Ідеться не лише про ризик завагітніти й підхопити захворювання, що передаються статевим шляхом. За роки служіння ми допомогли таким молодим людям, як Джейк, знайти шлях до духовного здоров'я і цілісності, коли сексуальний гріх або травма загрожували занапастити їх.

Тому, якщо ваша дитина має труднощі, не відступайте й не залишайте її саму розбиратися зі своїми неприємностями. Не засуджуйте дітей і не відштовхуйте їх. Пройдіть цей шлях поряд із ними в смиренні та любові. Установіть межі та норми поведінки у вашому домі. Старанно моліться. Використовуючи духовні інструменти, моліться разом із ними й допомагайте їм знайти свій шлях до цілісності та свободи.

П'ять кроків, які допоможуть розібратися із сексуальним гріхом

Що робити, якщо ви виявили, що ваш підліток бореться із сексуальним гріхом? Можливо, він потрапив у залежність від порнографії або заплутався в стосунках із протилежною статтю, які вийшли з-під контролю. Насамперед зберігайте спокій і *дайте* підліткам *зрозуміти, що любите їх, незалежно від того, що вони зробили чи можуть зробити.*

Обов'язково спілкуйтеся. Заохочуйте їх якомога швидше розібратися з проблемою, що виникла. Скористайтеся наведеними нижче кроками, щоб спрямувати дітей до прощення та відновлення:

1. Визнай свій гріх і відвернися від нього. Попроси в Бога прощення й прийми його. Прости собі. Налагодь стосунки з іншими, якщо це потрібно (помолися молитвою про прощення).

2. Зцілися від болю, завданого людьми, які пов'язані із ситуацією, що склалася (застосовуйте молитви про звільнення від болю та/або молитви про спогади. У випадку наруги дивіться розділ «Зцілення від наслідків сексуального насильства»).

3. Молись про звільнення від будь-яких духів, що ввійшли через сексуальний гріх (використовуйте молитви про звільнення).

4. Обірви всі зв'язки з іншою людиною. Скажи: «Я відрізав себе від (ім'я людини)». Можливо, тут треба буде помолитися про звільнення від домінування й контролю від сексуального партнера.

5. Якщо дитина бореться з гріхом, пов'язаним із руйнуванням сексуальної ідентичності, крім покаяння та звільнення, їй може знадобитися емоційне зцілення. Наприклад, якщо вона стала небажаною під час вагітності через те, що виявилася не тієї статі. Або якщо дитина зазнала сексуального насильства від людини однієї з нею статі або жорсткого домінування одного з батьків (застосуйте молитву про звільнення, від болю зокрема).

Як подолати сексуальні спокуси

Розбиратися із сексуальним гріхом у молитві — це життєва потреба, але ви також маєте допомогти своєму підлітку не повертатися до нього знову. Ось кілька порад.

Проаналізуйте те, що трапилося. Допоможіть дитині розібратися, чому і як вона потрапила в ситуацію, яка призвела до сексуального гріха, щоб виробити стратегію, яка допоможе уникнути повторення помилки. Якщо ви несете якусь відповідальність за те, що трапилося, скажіть, що ви шкодуєте, і попросіть у неї вибачення.

Зосередьтеся на ідентичності в Христі. Розвивайте в дітях знання про те, ким вони є в Христі (ідентичність), і заохочуйте їх зберігати Боже Слово у своєму серці (див.: Псалом 119:9-10). Як наша ідентичність впливає на те, як ми ставимося до свого тіла й тіл інших людей? Що означає бути храмом живого Бога (див.: 1 до Коринтян 6:19)? Дитина, яка точно знає, ким вона є в Христі, має всі можливості для того, щоб рухатися вперед у чистоті й протистояти сексуальним спокусам.

Вирішуйте завчасно. Поговоріть з дитиною про те, що їй треба вирішувати, як вона поводитиметься, заздалегідь, а не в запалі, коли гормони виходять із-під контролю, а цікавість сягає піку.

Уникайте спокус. Привчіть дитину уникати спокусливих ситуацій. Установіть кілька основних правил, наприклад не залишатися вдома наодинці з дівчиною або хлопцем. Навчіть дітей відводити погляд від сексуальної спокуси, тобто відразу ж відвертатися від реклами секс-іграшок, або нижньої білизни, або від дівчат у відвертому одязі, які проходять повз них.

Життя в чистоті

Ви можете запитати, наскільки реалістично заохочувати дітей залишатися чистими в сучасному світі чи очікувати від них цього? Адже порно може бути на відстані одного кліку, а переспати зі своїм хлопцем / дівчиною здається нормальною справою. Які шанси має ваша дитина? Чи це не наперед програшна битва? Аж ніяк! Рух уперед у чистоті можливий, він догоджає Богові й допоможе уникнути душевного болю в майбутньому. Проте для успіху треба знати Божі стандарти й дотримуватися їх. Також дітям і підліткам потрібні підтримка та підбадьорення батьків і, якщо можливо, благочестивих друзів.

На додаток до пунктів, які ми розглянули вище, наступні головні моменти також допоможуть вам (пере-) закласти здорові основи сексуальної цілісності в житті вашої дитини.

Розмовляйте з дитиною про її тіло відкрито й невимушено. Наші тіла не брудні — це храм Святого Духа! Секс не брудний — це прекрасний дар Божий! Не потрібно уникати цієї теми, або говорити про неї стишеним голосом, або використовувати дивні кодові назви для частин тіла й статевого акту.

Обстоюйте сексуальну ідентичність як Божий задум: «*...чоловіком і жінкою створив їх, і поблагословив їх. Того дня, коли створив їх, Бог дав їм ім'я: Людина*» (Буття 5:2). Поговоріть зі своїми дітьми про те, як добре, що Бог створив їх такими, якими вони є. Розкажіть їм, що ми, чоловіки й жінки, доповнюємо одне одного, утворюючи єдине ціле; і хоча мозок чоловіка й жінки працює по-різному, вони все одно доповнюють одне одного. Така інформація подобається дітям, особливо хлопчикам допідліткового та підліткового віку, вона буквально вражає їхню уяву. Ви можете чудово провести з дітьми час, вивчаючи цю тему разом!

Навчіть свою дитину високо цінувати секс. Бог задумав секс як потужну об'єднувальну силу, джерело величезного задоволення й посудину для зародження нового життя. Однак Господь помістив Свій дар у шлюбний завіт, щоби благословення не перетворилося на руйнівну силу за його межами. Діти стають вільними та розкутими, коли чують правду, а не коли ведуться на те, що нав'язує їм світ. Тому не дозволяйте знецінювати й принижувати секс у вашому домі грубими жартами чи дешевими фільмами. Будьте мудрими й допоможіть своїй дитині побачити, що стоїть на кону.

Виховуйте шанобливе ставлення до представників протилежної статі. Розкажіть про те, що таке любов і як Ісус виявив її, віддавши життя за Свою наречену, Церкву, частиною якої ми є. Ці знання допоможуть дітям ухвалювати виважені біблійні рішення щодо власної сексуальності, а не просто бігти (і кричати) разом із натовпом.

ЗЦІЛЕННЯ ВІД НАСЛІДКІВ СЕКСУАЛЬНОГО НАСИЛЬСТВА

Кроки до зцілення та свободи

Сексуальне насильство залишає глибокі рани в душі дитини. Воно впливає на її ставлення до себе й до людей. Процес відновлення після нього може бути досить тривалим. Сексуальне насильство може відбуватися з дотиками (наприклад, неприйнятне поводження з геніталіями дорослого чи дитини або залучення дитини до сексуальних дій) і без дотиків (приміром, коли дитині показують геніталії, спостерігають за тим, як вона роздягається, показують їй порнографічні матеріали).

Якщо залишити рани від сексуального насильства незагоєними, вони можуть мати руйнівний вплив на такі головні сфери розвитку, як емоційне здоров'я, сексуальна ідентичність і стосунки в майбутньому. Ви можете допомогти своїй дитині подолати травму від сексуального насильства за допомогою молитов про зцілення та звільнення. Якщо ви підозрюєте, що насильство відбувається, але не впевнені в цьому, скористайтеся наведеним нижче контрольним списком симптомів, щоби прояснити ситуацію.

Можливі ознаки сексуального насильства в дітей:

- Незрозумілі різкі зміни в характері дитини або поведінці, наприклад агресія, замкнутість, перепади настрою.
- Невідповідна до віку сексуальна експресія без очевидного джерела, наприклад у словах, малюнках, рольових іграх.
- Фізичні ознаки, як-от больові відчуття, синці навколо геніталій, ануса або рота, виділення.
- Постійний біль або труднощі із сечовипусканням чи випорожненням кишківника.
- Повернення до проблем раннього віку, наприклад до енурезу.
- Порушення самоідентифікації.
- Надмірне занурення у світ фантазій.
- Безпричинний страх перед певними місцями або людьми.
- Нічні жахіття, проблеми зі сном.
- Зміни апетиту.

Якщо у вашої дитини спостерігається кілька таких симптомів, придивіться до неї уважніше. І обов'язково поставтеся серйозно до того, що вона вам розповідає, хай яким малоймовірним або незначним це може здаватися. Будьте готові вжити заходів, щоб захистити дитину від подальшого насильства.

Якщо ви знаєте, що ваша дитина зазнала сексуального насильства, ось кроки, які допоможуть вам упоратися зі своєю реакцією і помолитися за зцілення та звільнення дитини. Сексуальне насильство — це серйозна проблема, після якої потрібен час для відновлення. Кроки, запропоновані нижче, нелегко виконати! Приділіть собі час і за потреби повторіть їх.

Кроки для батьків

1. Віддайте свій гнів і біль Ісусу на хрест.

Біблія каже, що Він поніс на Собі всі наші гріхи і біль (див.: Ісаї 53:4). А отже, немає такого болю й страждань, які Ісус не пережив. Він страждав для того, щоб ви й ваша дитина були вільні. Тому ми допускаємо, що Він також зазнав сексуального насильства від римських солдатів перед розп'яттям.

2. Пробачте особі, яка скоїла насильство над вашою дитиною.

Це може бути болючий процес, який потребує часу й рішучості, особливо якщо кривдником виявилася людина, яку ви знали і якій довіряли. На щастя, Ісус сказав, що ми можемо прощати «сімдесят разів по сім». Отже, Він знає, що прощення іноді дається дуже важко! Може допомогти, якщо говорити «Я прощаю тобі» щоразу, коли в пам'яті спливає ця людина і її вчинок, що може бути неодноразово.

3. Пробачте собі, якщо це потрібно.

Ви можете відчувати провину за те, що не зупинили жорстоке поводження. Але в більшості випадків складається так, що ні ви, ні будь-хто інший ніяк не могли зупинити насильство. Тоді може виникнути хибне почуття провини. Відкиньте його й перестаньте звинувачувати себе. Якщо ж ви дійсно в чомусь винні, попросіть у Бога прощення, а також пробачте собі.

4. Подбайте про безпеку вашої дитини.

Подумайте, чи доцільно звертатися до суду та які практичні кроки вам треба зробити, щоб гарантувати безпеку вашої дитини (та інших дітей) у майбутньому. Вашій дитині також може знадобитися медичний огляд, щоби перевірити її на захворювання, що передаються статевим шляхом.

Кроки для дітей (з порадами для батьків)

Служіння дитині, яка зазнала сексуального насильства, потребує великої любові, мудрості й турботи. Вам доведеться скористатися комбінацією молитов, поданих нижче в спрощеній формі у вигляді дев'яти кроків. Якщо в дитини виникають труднощі з конкретним кроком, поверніться до відповідного молитовного інструмента й опрацюйте цей крок детальніше, поки дитина не буде готова рухатися далі.

1. Усвідом: у тому, що трапилося, немає твоєї провини.
Жертви сексуального насильства часто почуваються винними, наприклад: «Мабуть, я щось зробив і заслужив на це». Можливо, кривдник удавався до погроз або пропонував ласощі, щоб отримати те, що він хотів. Опрацюйте запитання, пов'язані з почуттям провини. Поясніть дитині, що те, як учинила з ним та людина, неправильно. Незалежно від того, вважає дитина, що сама це дозволила чи ні, факт залишається фактом — кривдник переступив межу, яку не мав права переступати.

2. Віддай свій біль Ісусу на хрест і попроси Його забрати цей біль.

3. Віддай Ісусу будь-які емоції, які турбують тебе й пов'язані з насильством, наприклад страх, гнів, злість, відчуття нечистоти / бруду.

4. Прости насильникові скоєне.

5. Прости батькам чи іншим дорослим (якщо це потрібно), наприклад те, що вони не захистили тебе.

6. Скажи, що ти хочеш звільнитися від людини, яка поглумилася над тобою, в ім'я Ісуса Христа. Уяви, як Господь великими ножицями розрізає мотузки, що зв'язують тебе з кривдником.

7. Накажи всьому, що прийшло у твоє життя через насильство, залишити тебе в ім'я Ісуса Христа.
Демони можуть скористатися тим, що природний захисний бар'єр жертви зруйнований унаслідок глибокої рани, спричиненої сексуальним насильством, і ввійти в життя дитини. Поширені духи, що супроводжують сексуальне насильство, це: саме насильство (яке прагне привернути ще більше насильства), відкинення іншими та самовідкинення, сексуальна нечистота та збочення, домінування, жорстокість, страх, паніка, злість, гнів, порушення самоідентифікації, депресія та самогубство.

8. Розберися зі своєю реакцією на насильство.

Коли сталося сексуальне насильство, дитині або підлітку, можливо, треба буде покаятися в тому, що вона затаїла ненависть до кривдника. Якщо діти самі вчинили сексуальний гріх унаслідок того, що ввійшло в них через насильство, їм однаково треба покаятися й відвернутися від цих гріхів. Підліткам може знадобитися більше розмов, щоб вони змогли зрозуміти зв'язок між сексуальним насильством у минулому й будь-якою демонічною сексуальною залежністю, з якою вони борються сьогодні.

9. Дізнайся, ким ти є в Христі.

Сексуальне насильство — це, по суті, глибоке відкинення. Насильника не цікавить жертва й те, що для неї є найкращим. Він або вона використовували дитину з метою отримати бажане. Батьки, нагадуйте своїй дитині про те, як багато вона значить для вас, як сильно ви її любите й цінуєте. Навчайте дітей того, хто вони є в Христі, тобто що вони улюблені, обрані й дорогоцінні.

Деякі діти запитують: чому Бог не захистив мене від насильства, якщо Він так сильно любить? Поясніть, що Господь дав людям свободу волі, а отже, не може перешкодити їм використовувати її для заподіяння кривди іншим людям, інакше це не було б свободою волі. Завдаючи болю іншим, люди також завдають болю і Йому. Саме тому Бог дав нам спосіб отримати зцілення та звільнення від наслідків гріха інших людей, померши на хресті й узявши на Себе всі гріхи й біль.

ПРОБЛЕМИ В СІМ'Ї

Молитви про сімейні проблеми

Такі вислови, як «яблуко від яблуні недалеко падає» чи «який батько, такий син», використовуються для опису дитини, яка схожа на батьків зовнішністю, поведінкою, ставленням або здібностями. Ми не можемо змінити певні успадковані фізичні особливості, як-от довгі чи короткі ноги, карі чи блакитні очі, але ми можемо допомогти нашим дітям звільнитися й позбутися будь-яких негативних тенденцій, присутніх у сім'ї.

Наприкінці свого життя, на відміну від свого батька царя Давида, цар Соломон відступив від Господа[28]. Царі, які прийшли після Соломона, стояли перед вибором: слідувати за Богом або чинити гріхи своїх предків[29].

А отже, незалежно від того, що члени нашої сім'ї, живі чи померлі, роблять або робили, кожен із нас може зробити вибір іти за Господом і служити Йому. Ми можемо вибрати свободу від наслідків гріхів наших предків, від наслідків гріхів, скоєних проти них, і від будь-яких демонів, які в результаті цього отримали в нашій родині доступ до нашої сім'ї.

---

[28] Див.: 1 Царів 11:9-10.

[29] Наприклад, Авійям (див.: 1 Царів 15:1-3); Аса, син Авійяма (див.: 1 Царів 15:9-11).

Сімейні схильності

Ми можемо молитися за зцілення та звільнення від проблем, що виникають у сім'ї, ще поки дитина в утробі матері, або тільки-но усвідомлюємо їхній взаємозв'язок. Це допоможе дітям подолати сімейні труднощі, протистояти схильності до гріха в сферах, спільних для всієї сім'ї, і отримати зцілення від спадкових хвороб.

Прикладами сімейних духів, з якими ми зіштовхувалися в нашому служінні, є демони гніву, брехні, депресії, меншовартості, гордості, непрощення, жорстокості, бунтарства, алкоголізму, окультних сил, жорстокого поводження, невірності, неповної сім'ї, страху та фобії, а також бідності. Якщо у вашій родині є такі проблеми, є ймовірність, що в ній були сформовані демонічні твердині, які потребують молитви за звільнення.

Ми не можемо звинувачувати в усіх своїх проблемах родичів або гріхи наших предків. Обстановка в домі також формує певну поведінку й спосіб мислення. Діти вчаться робити щось, спостерігаючи за тим, як це роблять їхні батьки. Отже, кожен із нас *вільний обрати інший шлях*. Тож пам'ятайте, що ми не успадковуємо гріх, проте дух сім'ї може спробувати підштовхнути нас до нього. Іншими словами, нам передається *схильність* до певного гріха, що посилюється прикладом, який подають нам члени сім'ї.

Щоб успішно зруйнувати демонічні твердині, які діють у сім'ї, візьміть на себе повну відповідальність, де це потрібно, за свою роль у культивуванні тих самих гріхів, що їх чинили ваші предки. Щойно ви звільнитеся від духів, які діють у сім'ї, застосовуючи молитви про сімейні проблеми, навчіться по-новому мислити й поводитися відповідно до Писання й передайте це своїм дітям. Можливо, вам доведеться йти всупереч тому, у що вірять інші члени вашої сім'ї або роблять. Будьте непохитними! Свобода ваша й вашої дитини варта того!

Зцілення від спадкових захворювань

Ми виявили, що багато спадкових захворювань мають демонічне походження.

Наприклад, Деніел отримав зцілення та звільнення від алергічного риніту (сінної лихоманки) до того, як ми одружилися. Ми знали, що алергія була в обох наших родинах, тому молилися за кожну нашу дитину, коли вона ще була в утробі. Ми проголошували, що Христос узяв на Себе всі алергії та хвороби наших дітей і поніс їх на хресті; що, згідно з Ісаї 53:4-5, їхньою духовною спадщиною в Христі є здоров'я. Коли ми молилися так, Естер часто позіхала. Ми просили Бога, доки вона не перестала позіхати й не відчула мир і легкість у душі.

Потім ми просили Бога про фізичне зцілення від усіх алергій, вірячи, що Господь звільняє наших ненароджених дітей. І справді, за винятком поодиноких нападів алергічного риніту у двох синів, яким ми протистояли молитвою та короткочасним прийомом антигістамінних препаратів, вони всі вільні від алергії, на славу Божу!

Молитви про сімейні проблеми прості, але дієві. Тож якщо у вашій родині є спадкове захворювання, пропонуємо вам скористатися цим молитовним інструментом, щоб у разі потреби спершу звільнитися самому, а потім молитися разом із дитиною або від її імені.

Після того як дух, що викликав хворобу або стан, залишив нас, важливо молитися й про фізичне зцілення. Як послідовники Христа, ми уповноважені зцілювати хвороби (див.: Марка 16:18). Ви можете молитися про зцілення, поклавши руку на дитину й вимовляючи слова Писання про зцілення, наприклад Ісаї 53:4-5. Заохочуйте дитину молитися за себе такою молитвою:

Дякую Тобі, Господи Ісусе, за те, що Ти взяв мою хворобу на хрест. Дякую Тобі за те, що Твоїми ранами я зцілився!

Загальна молитва

Знання історії своєї родини допоможе вам зрозуміти, про що молитися. Можливо, ви не знаєте багатьох подробиць, але виявили проблеми, з якими ви або ваша дитина боретеся сьогодні. Загальна молитва, наведена нижче, допоможе вам почати працювати над ними. З виникненням нових запитань або проясненням ситуації застосовуйте молитви про конкретні сімейні проблеми. Просто додайте будь-яку наявну інформацію, де це потрібно:

Дорогий Боже, я прощаю всім своїм предкам будь-які скоєні ними гріхи, що відкрили нашу сім'ю для демонічних твердинь, проклять, хвороб або схильності до певних гріхів. Я прощаю всім, хто згрішив проти моєї сім'ї та моїх предків, хто обманював, чинив насильство, використовував, проклинав або будь-яким чином завдавав їм шкоди чи відкривав їх для демонічної активності. Я звільняю себе від будь-яких демонів, що стоять за проблемами в моїй родині. Я відрікаюся від вас і наказую вам піти в ім'я Ісуса. Я руйную всі прокляття над моїм життям, пов'язані з моїми предками. Я наказую кожному демону хвороби, що діє в моїй родині, піти. Прошу Тебе, Господи, зцілити мене кров'ю Ісуса Христа, мого Спасителя, пролитою за мене на хресті. Я заявляю, що я — дитина Божа, і моя духовна спадщина — у Христі Ісусі. В ім'я Ісуса Христа. Амінь!

Молитви про сімейні проблеми

Наведені нижче молитви про сімейні проблеми можуть допомогти вашій дитині подолати конкретні проблеми, що є у родині. Зверніть увагу, що ці молитви схожі на молитви про звільнення, за винятком додаткового кроку наприкінці — молитви про фізичне зцілення, якщо це потрібно, приміром, у разі спадкових захворювань. Наступний приклад дає уявлення про те, як використовувати такі молитви.

Нік молиться про сімейні проблеми

Чотирнадцятирічний Нік має проблему з гнівом. Він хоче позбутися її. Його мати теж відчувала гнів і зрозуміла, що він передається по лінії її батька. Жінка розібралася з цим почуттям, застосовуючи молитви про прощення та звільнення. Відтоді вона набагато краще контролює свій гнів і навчилася реагувати інакше.

Зараз Нік також хоче отримати звільнення. Ось як мама скеровує його в молитвах про сімейні проблеми.

Мама: «Ти знаєш, що дідусь страждав від жахливих нападів гніву? Ти можеш пробачити йому те, що він відкрив нашу сім'ю для духа гніву?»

Нік: «Дорогий Боже, я хочу позбутися цього почуття. Так, я прощаю своєму діду його гнів, який відкрив нашу сім'ю для духа гніву».

Мама: «Попроси Ісуса пробачити тобі твій гнів і те, що кривдиш і раниш людей, коли злишся».

Нік: «Господи Ісусе, я шкодую про те, що злився та кривдив людей. Будь ласка, прости мені».

Мама: «Накажи духу гніву залишити тебе в ім'я Ісуса».

Нік: «Я наказую духу гніву піти з мого життя в ім'я Ісуса Христа! Я більше не хочу так злитися. Моя спадщина в Ісусі — самовладання й лагідність, а не лють».

Нік і мама знову й знову наказують духу гніву піти в ім'я Ісуса, аж доки він не піде й доки Нік не відчує мир. Потім вони разом дякують Богові:

Мама: «Подякуймо Богові за звільнення».

Нік: «Дякую, Господи Ісусе, за те, що звільнив мене! Допоможи мені контролювати свої емоції в майбутньому!»

МОЛИТВИ ПРО СІМЕЙНІ ПРОБЛЕМИ

1. Простіть своїх родичів, живих чи померлих, за те, що передали вам схильність чи відкритість до певних гріхів, хвороб чи інших проблем.
2. Попросіть Бога пробачити вам, якщо ви поводилися так само або якимось іншим чином трималися за духа сім'ї.
3. Накажіть духу залишити вас в ім'я Ісуса Христа.

Ви можете сказати...

1. «**Ісусе,** я прощаю __________ за те, що він / вона передав мені схильність до _______».
2. «**Будь ласка,** прости мене за мою участь у _________».
3. «**Я наказую** цій проблемі / хворобі / гріху _______ від ______ залишити мене в ім'я Ісуса Христа!»

«Дякую, Ісусе, за те, що звільнив мене!»

У разі спадкової хвороби

Далі моліться про фізичне зцілення.

Подякуйте Ісусу за те, що Він поніс усі хвороби на хресті, і за те, що Його ранами вашу дитину зцілено.

Ви можете сказати:

«Спасибі Тобі, Господи Ісусе, за те, що поніс на Собі мої хвороби. Ранами Твоїми я зцілений!»

«Ісусе, дякую Тобі за зцілення!»

ДОПОМОЖІТЬ ДІТЯМ ЗАЛИШАТИСЯ ВІЛЬНИМИ ТА ЗЦІЛЕНИМИ

Думай, як Ісус, ходи з Ісусом

Один наш друг-місіонер працював у такому куточку світу, де викрадення людей і вибухи — звична частина життя. Якось наші діти запитали його, чи боїться він жити в такому місці.

«Я знаю, хто я в Христі. Бог дав мені владу робити певну роботу. Люди не владні наді мною, і вони не керують моєю долею. Тому я не боюся й не тривожуся», — відповів він. На перший погляд таке твердження може здатися наївним, але насправді воно кориниться в розумінні нашої ідентичності та влади, які ми маємо як послідовники Христа.

Дітям не обов'язково їхати у віддалені й небезпечні місця, щоб наражатися на ризик. Упродовж усієї цієї книжки ми бачили, що вони стикаються з достатньою кількістю болю, образ і духовних атак удома. Ми пропонуємо ідеї та потужні інструменти, які допоможуть розібратися з цими питаннями в кожній сфері життя. Однак для того, щоб залишатися вільним і рухатися далі з Ісусом, вашим дітям треба знати:

- Ким вони є у Христі (ідентичність).
- Свою владу, що ґрунтується на їхній ідентичності в Христі.
- Як жити кожен день у силі Святого Духа.

Ідентичність

Є оповідь про порятунок пташеняти кондора (американського грифа). Воно виросло серед курей, порпаючись разом із ними в загороді на якомусь сільському обійсті в Андах. Одного дня інший кондор пролітав у нього над головою, і щось усередині молодого птаха ворухнулося. Він розправив крила, відірвався від землі й став підніматися дедалі вище й вище, поки не зрозумів, що летить! Птах покинув жалюгідний курник, який довгий час був його домівкою. Раптом усе набуло сенсу. «Не дивно, що я ніколи не почувався там своїм, — подумав він. — Я ніколи не був курчам, призначення якого — плавати в бульйоні. Я від самого початку був кондором, створеним для високого польоту!»

Диявол зробить усе можливе, щоби перешкодити дітям зрозуміти, ким вони є в Христі. Він хоче, щоб вони копирсалися в землі, шукаючи недоїдки, тоді як насправді вони — діти Царя. Будучи духовно живими, вони — храм Святого Духа й мають стосунки з Богом, мають розум Христа, і всі небесні багатства доступні їм; їхня доля — літати!

Можливо, ваша дитина повірила в брехню про себе внаслідок тих ситуацій і переживань, від яких вона отримала зцілення та звільнення. Діти мають навчитися мислити правильно. Біблія називає такий процес «оновленням нашого розуму» (див.: До Римлян 12:2). Коли розум дитини оновлюється, у неї з'являється звичка думати й вірити тому, що говорить про неї Бог, а не в ту брехню, якою її годує диявол. Виберіть відповідні ключові вірші. Завчіть їх напам'ять і почніть промовляти їх разом.

Головні вірші про нашу ідентичність:

- Бог любить мене (див.: Івана 3:16).
- Я — дитина Божа (див.: Івана 1:12).
- Бог прощає мене (див.: 1 Івана 1:9).
- Ісус Христос живе в мені (див.: До Галатів 2:20).
- Ніщо не може відлучити мене від Божої любові (див.: До Римлян 8:35-39).
- Бог захищає мене (див.: Псалом 144:2).
- Бог забирає мій страх (див.: Псалом 34:4, в англійському перекладі: «…і визволив мене від усякого страху мого»).
- Бог зцілює мене (див.: Псалом 103:3).
- Бог утішає мене (див.: Ісаї 57:18).
- Бог приймає мене (див.: Псалом 27:10).
- Бог за мене (див.: До Римлян 8:31) .
- Бог ніколи не залишає мене (див.: Повторення Закону 4:31).
- Я все можу в Христі (див.: До Филип'ян 4:13).

Примітка. Ідентичність не варто плутати з дарами та покликанням. Бог дав кожній дитині дари та здібності. Часто вони пов'язані з тим, що Господь визначив людині робити в житті (покликання). Щоб дитина могла виконати своє покликання, їй потрібна тверда духовна ідентичність, яка ґрунтується на Слові Божому й на тому, що про неї говорить Бог. Однак дітям також треба дізнатися, хто вони, що в них виходить і в чому їхні інтереси на природному, людському рівні. Дайте їм можливість спробувати якомога більше різних занять і застосувати свої знання та вміння.

Влада

Сторожа, який охороняє велику будівлю, зазвичай за милю чути за звуком великої зв'язки ключів, що брязкають у нього на поясі! Ними він відмикає і замикає кімнати. Так само Ісус доручив нам певну роботу в Його Царстві й дав відповідні ключі для її виконання. Він сказав: «...*те, що ти зв'яжеш на землі, буде зв'язане на небесах...*» (Матвія 16:19). Замисліться на мить: наше слово має стільки влади й сили, що ми можемо щось зв'язати, навіть не поворухнувши пальцем і не застосовуючи ніякої сили. Навчайте дітей користуватися ім'ям Ісуса, а також навчіть їх наведених нижче місць Писання й заохочуйте промовляти їх під час труднощів:

Жодна зброя, викувана проти тебе, не буде успішною...

Ісаї 54:17

...тебе не спіткає жодне лихо, і нещастя не наблизиться до твого житла.

Псалом 91:10

Щоденне застосування ідентичності та влади

Від самого малечку ми навчали наших дітей влади та ідентичності в Христі. Ми показували їм, як застосовувати свою владу з позиції ідентичності в повсякденних ситуаціях. Наприклад, коли наші хлопчики хворіли, ми говорили їм, що вони мають владу особисто від Ісуса зцілювати хвороби в ім'я Його. Ми заохочували їх молитися за себе та інших про зцілення. Якщо в їхнє життя проникав злий дух, ми розповідали їм, що вони наділені владою особисто від Ісуса прогнати демона. Якщо вони знову відчували осуд за сповідані гріхи, ми нагадували їм, що їхній гріх прощено завдяки Ісусу (див.: Марка 16). Це давало їм силу перебувати у свободі та зцілювало їх.

Ми також учили наших хлопчиків берегти себе на фізичному рівні, покладаючись у захисті на Святого Духа. Ми пояснювали їм, що Він попередить про небезпеку, нам лише треба бути уважними й прислухатися до Нього. Дух Господній може підказати нам покинути якесь місце, перейти на інший бік вулиці або уникнути певної ситуації. Ми ділилися власним досвідом застосування цього підходу. Наприклад, коли Естер була студенткою і якось пізно ввечері поверталася додому на велосипеді, у неї раптово з'явилося непереборне бажання виїхати на середину дороги, і вона негайно це зробила. Подивившись ліворуч, Естер побачила чоловіка на тому місці, де вона опинилася б, якби й далі їхала прямо. Вона знала, що Святий Дух попередив її, і подякувала Богові за захист.

Приймайте й далі від Бога

Коли дитина приймає Ісуса, вона приймає у своє життя Божий Дух і народжується згори. У Посланні до Ефесян 5:18 християнам сказано: «*…наповнюйтеся Духом*». Грецькі слова, яких вжито в цьому контексті, означають безперервний процес.

Подібно до того, як дитина регулярно пригортається до батьків, щоб відчути любов, комфорт, тепло, послухати історію, поговорити про щось або просто тому, що їй добре з ними, так само й ми можемо приходити до нашого Небесного Отця й отримувати від Нього знову й знову. Це ключ не лише до отримання глибшого зцілення та звільнення, а й до того, щоб залишатися зціленими й вільними та рухатися вперед з Ісусом.

Ви можете заохочувати свою дитину постійно наповнюватися Святим Духом, просто промовляючи: «*Дорогий Боже, будь ласка, наповни мене знову Твоїм Святим Духом. Дякую, що дав мені Його!*»

Щоденна молитва про те, щоби бути ближче до Бога

Господи Ісусе, дякую Тобі за те, що любиш мене. Мені хочеться сьогодні бути поряд із Тобою! Будь Господом (Господарем) кожної сфери мого життя — того, що я думаю і що відчуваю. Я хочу робити те, що подобається Тобі. Запрошую Тебе стати Господом (Господарем) моїх речей, моїх дружніх стосунків, мого шкільного життя, мого майбутнього й мого минулого. Я хочу слідувати за Тобою і коритися Тобі всім своїм єством. Будь ласка, допоможи мені сьогодні бути близько до Тебе. Амінь.

БІБЛІОГРАФІЯ / РЕКОМЕНДОВАНА ЛІТЕРАТУРА

Anderson, Neil T. and Pete and Sue Vander Hook *Spiritual Protection for Your Children: Helping Your Children and Family Find Their Identity, Freedom and Security in Christ*, Gospel Light, 1997.

Banks, Bill *Deliverance for children and teens*, Impact Christian Books, Kirkwood, 1989.

Gibson, Noel and Phyl *Deliver our Children from the Evil One* Sovereign World Tonbridge, 1992.

Hammond, Frank and Ida Mae *A manual for children's deliverance* Impact Christian Books, Kirkwood, 1996.

MacNutt, Francis and Judith *Praying for your unborn child*, Cox and Wyman, Reading UK, 1988.

Neufeld, Gordon and Gabor Mat *Hold on to your kids* Ballantine Books, New York, 2006.

Prince, Derek *Instruction for Deliverance for children and their parents*, Derek Prince Ministries, see derekprince.org

Taylor, Albert and Elisabeth and David M. Taylor, *Ministering Below the Surface: Step-by-Step guides to effective inner healing and deliverance ministry*, second edition, Feb. 2019. Для отримання додаткової інформації та видання іншою мовою перейдіть на сайт freeandhealed.com

ПРО АВТОРІВ

Деніел здобув ступінь магістра богослов'я в Теологічному університеті Базеля, а потім продовжив навчання в аспірантурі Трініті-коледжу (в Брістолі), включно з консультуванням з питань шлюбу. Він народився в Цюріху 1966 року. У восьмирічному віці Деніел запросив Ісуса ввійти у своє життя, і його серце наповнилося невимовною радістю. Відтоді він ніколи не озирався назад.

Естер народилася в Кенії 1973 року й переїхала до Англії, коли їй було сім років. Вона вивчала програму африканських і латиноамериканських досліджень в Університеті Бірмінгема. Естер віддала своє життя Христу ще в дитинстві, однак у вісімнадцять років вона мала видіння Ісуса, Який помирав за неї на хресті, і це кардинально змінило її життя.

Деніел і Естер одружилися 1995 року, знаючи одне одного більшу частину свого життя завдяки давній дружбі їхніх матерів.

З 1998 по 2008 рік Даніель та Естер працювали партнерами в місії на півночі Аргентини. За цей час вони набули цінного досвіду й розуміння того, як ефективно служити дітям і підліткам у сфері зцілення та звільнення. Подружжя ініціювало серію зустрічей, на яких діти могли отримати зцілення, і побачило глибокі зміни в тих, хто їх відвідував.

Троє їхніх синів народилися в Сальті, Аргентина. 2008 року сім'я переїхала до Швейцарії, щоб дати дітям можливість пустити коріння в рідній країні та культурі, а також здобути освіту.

2013 року Даніель та Естер заснували служіння *Bethesda Heilungsdienst,* щоб допомагати людям стати емоційно, духовно й фізично цілісними в Христі. Після більш ніж двадцяти років молитов за зцілення та свободу в різних обставинах і ситуаціях із людьми різного віку по всьому світі вони як ніколи переконані, що діти потребують молитов за зцілення й визволення.

ДУХОВНІ ІНСТРУМЕНТИ ДЛЯ ДІТЕЙ І ПІДЛІТКІВ

МОЛИТВИ ПРО ЗВІЛЬНЕННЯ ВІД БОЛЮ / ОБРАЗИ

1. Розкажи Ісусу, що тобі болить або чому тобі сумно.
2. Попроси Ісуса зцілити твій біль і полегшити твій стан (під час молитви поклади руку на серце).
3. Прости людину, яка скривдила тебе. (Стисни кулак. Потім розтисни й скажи: «Я прощаю тобі».)

Ти можеш сказати...
1. «**Розумієш, Ісусе,** мені боляче, бо ______».
2. «**Господи Ісусе, будь ласка,** зціли моє серце!»
3. «**Я прощаю** ____ за те, що вони зробили / сказали мені».

«Ісусе, дякую, що зцілюєш мій біль!»

МОЛИТВИ ПРО РЕАКЦІЇ

1. Розкажи Ісусу, що ти відчуваєш через те, що сталося. Поділися з Ним, якщо ти зробив чи сказав щось не так, бо тобі було боляче.
2. Попроси в Христа вибачення за те, що тримався за ці почуття. Перепроси за те, що сказав або зробив щось погане.
3. Попроси Ісуса забрати негативні емоції, пов'язані з болем або образою.

Ти можеш сказати...
1. «**Ісусе, я відчуваю** ______ всередині, бо я сказав / зробив_____ через те, що мені було боляче».
2. «**Будь ласка, прости мені,** Ісусе, що я тримався за ці почуття і що я говорив або робив неправильні речі».
3. «**Прошу Тебе,** забери це почуття ______».

«Дякую Тобі, Ісусе, за те, що простив мені й забрав це почуття!»

МОЛИТВИ ПРО СПОГАДИ

1. Попроси Ісуса повернути тебе до болючого спогаду. Зачекай і подивись, що Він нагадає тобі. Дозволь проявитися усім почуттям, які ти в той час переживав.

2. Запроси Христа у свої спогади. Подивись, що Він зробить або скаже. Що ти відчуваєш у цей момент?

3. Пробач людям, які завдали тобі болю. Попроси вибачення за свою реакцію на образу. Подумайте про те, що сталося, ще раз. Що ти відчуваєш тепер?

Ти можеш сказати...

1. «**Ісусе, будь ласка,** поверни мене назад у __________. Прошу Тебе, зціли мої спогади».

2. «**Ісусе, будь ласка,** увійди в ці спогади про _____».

3. «**Я прощаю** _____. Прости мене за _______».

«Ісусе, дякую Тобі за зцілення цих спогадів!»

МОЛИТВИ ПРО ПРОЩЕННЯ

1. Скажи Ісусу, що шкодуєш про свій учинок, слова чи почуття.

2. Попроси Ісуса простити тобі.

3. Налагодь стосунки з іншими, якщо це потрібно.

Ти можеш сказати...

1. «**Ісусе,** я шкодую, що __________».

2. «**Будь ласка,** прости мене за __________».

3. «**Допоможи** мені все виправити / налагодити стосунки _______».

«Дякую Тобі, Ісусе, за те, що простив мені!»

МОЛИТВИ ПРО ЗВІЛЬНЕННЯ

1. Скажи Господу Ісусу, від чого ти хочеш звільнитися.
2. Якщо це прийшло у твоє життя через учинок іншої людини, прости їй. Якщо в тому, що відбувається, є твоя провина, попроси Ісуса простити тобі те, що ти допустив це у своєму житті.
3. Накажи цьому піти в ім'я Господа Ісуса.

Ти можеш сказати…

1. **«Ісусе,** я хочу звільнитися від ____________».
2. **«Будь ласка,** прости мене за ____________».
3. **«Я наказую** ______ піти в ім'я Ісуса Христа!»

«Ісусе, дякую за те, що звільнив мене!»

ІНФОРМАЦІЯ В ІНТЕРНЕТІ Й ДЕТАЛІ ПРО СЛУЖІННЯ

- Актуальна контактна інформація для партнерів.
- Замовити додаткові примірники цієї книжки або знайти дистриб'ютора у вашому регіоні.
- Інформація про семінари та майстер-класи.
- Підтримка служіння пожертвами.

www.bethesda-heilungsdienst.ch